The MOON ORACLE

Let the phases of the Moon guide your life

운명을 점 치는 신비의 카드

문 오라클
당신 삶의 안내자인 달의 모습들

캐롤라인 스미스 & 존 애스트롭 | 김정미 옮김

[당그래]

THE MOON ORACLE

Caroline Smith & John Astrop
All rights reserved.
Korean Translation copyright © 2005
by **Dangre Publishing Company**
The Korea translation rights arranged with
Eddison Sadd Editions Limited,
through Eric Yang Agency, Seoul, Korea.

이 책의 한국어판 저작권은 에릭양 에이전시를 통한
Eddison Sadd Editions Limited사와의 독점계약으로
한국어 판권을 **당그래출판사**가 소유합니다.

국제제작권법에 의하여 한국내에서 보호를 받는 저작물이므로
이 책의 내용과 카드 그림의 무단전재와 무단복제를 금합니다.

The
MOON ORACLE

지은이 소개

존 애스트롭 | JOHN ASTROP
150권의 아동 도서를 쓰고 삽화를 그린 존 애스트롭은 점성가이자, 지역 밴드에서 기타와 키보드를 연주하는 재즈 음악가이다. 1960년대 후반에서 1970년대 초반까지 에릭 힐과 함께 런던에서 디자인 모임을 운영했다. 많은 아동 도서를 쓰고 그곳에 직접 삽화를 그렸다. 1994년에, 자녀가 태어나서 처음 학교에 들어갈 때까지의 점성학을 말해주는 부모를 위한 12개의 작은 그림책〈Little Stars〉이 있다. 현재 22개국에서 팔리고 있다. 책 표지의 12캐릭터는 아동 도서와 만화 영화의 새로운 시리즈물로 발전화되고 있다.

캐롤라인 스미스 | CAROLINE SMITH
레이게이트 미술대학에서 패션과 그래픽을 공부했다. 1970년대 초반〈하퍼즈〉〈퀸〉〈엘르〉〈보그〉〈코스모폴리탄〉등 잡지의 주요 패션 삽화가로 일했다. 메리 퀘인트, 리버티즈, 심프슨 등의 주요 기사를 편집하고 삽화를 그렸으며 1970년대 후반에는 삽화 일괄 작업을 했다. 1980년대 초반부터 오직 그림에만 집중했고, 홍콩, 싱가포르, 이집트 등에 있는 호텔 벽화를 많이 작업했다. 영국과 유럽에 상설 전시관이 있고 현재 프랑스에서 살고 있다.

옮긴이 소개
김정미
1963년으로 대구에서 태어나 이화여자대학교 영어교육과 졸업했다.
현재, 영어를 가르치고 있으며 만화로 보는 러시아 혁명사 외에 다수를 번역했다.

CONTENTS

머리말
7

문페이즈 카드의 간편 열쇠 _ 17
성수 카드의 간편 열쇠 _ 19

카드 해석법
21

문 페이즈
31

달의 여신
65

성 수
91

문 테이블
111

옮긴이의 말
128

머리말

　우리가 살고 있는 지구의 아름다운 위성인 달. 이 달만큼이나 우리에게 환상과 상상력을 고양시키고 영감을 주는 힘차고도 일상적인 이미지는 달리 찾을 수 없지 싶다. 그리고 보면 모든 나라의 민담은 달의 섬세하고도 무상한 형태 변화와 각각의 모양(Moon phaes ;이후로는 상相으로 서술함)들이 보여주는 예언들을 해석하는 것과 관련되어 있음을 알 수 있다.

　초기 인류에게, 태양이 매일 사라지고 다시 나타나는 친숙함과 예측성은 양력과 계절의 바탕을 이루게 하는 하나의 양식이 되었다. 그러나 달은 태양보다 훨씬 더 신비로운 것이었다.

　기묘하고도 신비로운 창조물로서, 달은 고정된 겉모습이 없는 유동적인 현상이었다. 어느 날 밤에는 관능적인 보름달로서, 또 다른 밤엔 가냘픈 초승달로서 때때로 하늘 높이, 또 다른 때에는 수평선 가까이 모습을 드러낸다. 더욱 기묘한 것은 창백하기 이를 데 없는 달이 태양빛에 의해 가려지지 않고 낮 동안에도 나타난다는 것이다. 반면 어떤 날 밤에는 전혀 그 모습을 보이지 않는다. 이처럼 불가사의한 달은 달의 여신 루나(Luna)의 모습으로 인류의 마음을 사로잡고 환상을 키워 주었다.

달의 영향력

　우리 삶에서 달의 영향력은 지대하다. 거의 모든 일정은 매달 새로 뜨는 달과 그 형태의 정점인 보름달에 지배된다. 사람들은 달의 상에 따라 씨를 뿌리고 가지를 치고 열매를 거둔다. 관측된 달의 상에 기초한 일기 예보는 그 어느 과학적인 일기예보보다 더 정확하다고 할 수 있다. 이런 관습은 아주 오래 전부터 지금까지 내려오고 있다.

　　창백한 달은 비를 뿌리고
　　붉은 달은 바람을 불게 하고
　　하얀 달은 비도 눈도 없어라

　— 라틴 속담(클라크, 1639)

달은 우리를 미치광이로 만들고 사랑에 빠지게 하며, 심지어는 늑대 인간이 되게 한다. 그리고 일반적으로 우리의 삶을 그 변화하는 리듬에 맞추게 한다.

> 그것은 바로 달의 실수
> 늘 그보다 더 가까이 다가와
> 인간을 미치도록 만드는
> — 셰익스피어, 오델로, V, ii

한때는 달이 지구로부터 너무 멀리 떨어져 있어 우리의 삶에 영향을 끼칠 수 없다는 이유로 '달의 점성학'을 소외시킨 적도 있다. 그러나 이같이 완고하기만한 과학적 견해들은 이제 인간 모두에게 지지 받기 어렵게 되었다. 한 예로, 달이 바다의 조수를 만든다는 것은 부인할 수 없는 사실이다. 그 연장선에서 우리 인간의 신체는 많은 양의 물로 구성되어 있기 때문에, 달이 인간 행동에 영향을 끼친다고 가정한다면 아직도 그것이 논리적 비약이라고 치부해 버릴지 모른다. 하지만 지금 많은 연구들이 이것을 입증하기 위해 탐구하고 있다는 것 또한 사실임을 알아야 한다.

달의 상(相)들

달은 29.53일이라는 주기를 가지고 지구 궤도를 돈다. 이것을 우리는 음력이라고 말한다. 새로운, 또는 검은 달(*Black moon*)에서부터 보름달까지의 달의 상들은 태양의 빛에 의해 나타나는데, 그것은 오직 달의 한 쪽만을 비추어 다른 쪽은 어둡게 만들기 때문이다. 주기에 따라 변화하는 달의 형태는 지구와 태양의 위치와 관련되어 결정된다. 다음 장의 그림은 달의 궤도에 따른 달의 모양과 위치를 보여주는 것이다.

상의 상징

달의 주기를 말할 때 완벽한 은유는 식물이다. 꽃과 열매를 낳는 씨앗의 발아에서부터 잎과 꽃으로의 점진적인 성장과 소멸, 그리고 이듬해 봄까지 잠을 잘 새로운 씨앗의 전파…. 이와 같은 식물의 생명 주기는 달의 상들과 관련시킬 수 있다.

1. 초승달 – 봄이 시작되어 언 땅을 녹이는 최초의 새싹 모습.
2. 상현달 – 식물이 힘을 키움에 따라, 잎이 성장한다.
3. 철월 – 꽃봉오리를 틔울 수 있도록 영양분과 햇빛을 왕성하게 받아들인다.
4. 보름달 – 꽃봉오리는 햇빛이 충만한 원기로 꽃을 피운다.
5. 파종달 – 꽃잎은 시들고 열매를 맺는다.
6. 하현달 – 잎과 남아 있던 꽃이 떨어지고 오직 마른 꼬투리만 남는다.
7. 잔월 – 꼬투리가 터지고 그 아래 흙에 씨앗을 뿌린다.
8. 블랙 문 – 땅은 겨우내 잠자며 힘을 비축할 씨를 보듬는다.

❶ 초승달
달은 동쪽으로 도는 여행을 시작한다. 3일쯤 후 해가 비치는 작은 부분이 가냘픈 초승달로 나타난다. 달이 점차 커지므로 차오르는 달(망월:望月)이라고도 말한다.

❷ 상현달
초승달이 달의 절반을 비출 때까지 커진다. 90°를 움직였고 여행 주기의 첫 4분의 1을 지나왔다.

❸ 철월(凸月)
달은 원의 4분의 3을 비출 때까지 차오르기를 계속한다. 이것이 가운데가 볼록한 철월이다.

❹ 보름달
몇 밤 후, 철월은 태양과 바로 반대쪽에 있게 될 때까지 더욱 커지고 마침내 완벽한 원이 그려진다.

❺ 파종달
달은 주기의 절반을 지나면서 점차 그 형태를 잠식당한다. 기울어지는 달이다. 보름에서 3일 반 후 빛이 비추는 완벽한 원은 사라진다. 이 상은 파종달이라 불린다.

❻ 하현달
며칠 후에 달은 이번에는 원의 왼쪽으로 절반의 빛을 받고 절반은 어둡게 된다. 달은 마지막 4분기에 이르렀다.

❼ 잔월(殘月)
달의 여행이 계속됨에 따라 주기 왼쪽의 초승달이 될 때까지 반사된 빛은 더욱 줄어들게 된다. 이것은 잔월이라 불린다.

❽ 신월, 또는 블랙 문
주기의 끝에 이르면 달은 지구와 태양 사이에 놓이게 된다. 그 결과 우리는 달을 볼 수 없다. 지구와 태양과 달이 정확히 일직선을 이룰 때 이를 일식이라고 한다.

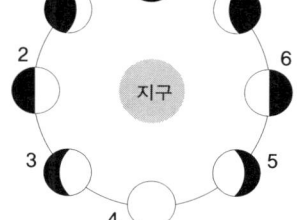

우리 모두는 각각의 특별한 달의 상에 태어나고, 그 상의 특징에 따라 본성의 일부를 무의식적으로 표현한다. 예를 들면, 초승달 때 태어난 사람들 중에는 창시자이거나 유행의 설립자인 사람이 많다. 보름달 때 태어난 사람들은 남으로부터 각광받기를 원하며, 그러한 성취를 얻기 위해 열성적으로 일하는 경향이 있다. 잔월 때 태어난 사람들은 자기 시대에는 결코 이룰 수 없는 미래를 위해 씨앗을 뿌린다. 이들은 씨 뿌리는 사람들이며 몇 세기 전에는 작은 나무였으나 지금은 거대한 숲이 되었다.

대부분의 사람은 자기가 어떤 달 아래서 태어났는지 알지 못한다. 당신이 태어난 때의 달의 상을 찾기 위해서는 약간의 계산이 필요하다. 많은 점성술사들은 당신이 태어난 날짜·시간·장소의 정확한 차트를 만들어 사용하는데, 그것을 당신이 알고 있다면 더 많은 정보를 얻을 수 있을 것이다. 그렇지 못할 경우라도 인터넷의 많은 웹 사이트들이 이런 서비스를 제공하고 있어 무료로 이용할 수도 있다.

일단 당신이 태어난 때의 달의 상을 알고 난 뒤라면, 달이 매달 그 상에 도달할 때(음력으로 태어난 날) 당신의 삶이 더욱 수월해진다는 것을 깨닫게 될 것이다. 반대로 달의 상이 당신이 태어난 때의 달의 상과 반대에 있을 때 긴장을 경험하게 된다는 것을 느끼게 될지도 모른다.

사람들이 그 상의 특징을 나타내는 특별한 달의 상에 태어나는 것처럼, 달의 주기상 특별한 때에 일어나는 사건들은 그 상의 특징을 갖게 될 것이고 어떤 활동들은 다른 때보다 특정한 달의 상에 더욱 적합할 것이다. 일반적인 예를 들면, 보름달 때는 어떤 일을 꽃 피우고 번창시키기에 가장 좋은 때이다. 반면 신월은 때가 무르익을 때까지 일을 미루고 기다리기에 좋은 때이다. 이렇듯 각 상의 모습은 당신이 해결해야 할 문제와 관련된 실용적인 의미로 쉽게 바꿀 수 있다.

문 오라클(Moon oracle)로 점을 치기 위해서는 몇 가지 기본적으로 알아야 할 것들이 있기에 그것들을 이제 말하고자 한다. 외우듯은 아니더라도 눈으로 그려낼 수 있도록 꼼꼼하게 읽기를 당부한다.

이렇게 달의 상만으로도 당신에게 오늘(현재) 닥친 상황이 과거의 어떤 일에서 연유하는지, 그리고 미래에 어떤 결과가 언제쯤 이루어질 수 있는지 짐작할 수 있지만, 이 책에 포함된 32장의 문 페이즈(Moon phase) 카드만 사용해도 자기의 운명을 손쉽게 예측할 수 있다. 자세한 사용 방법은 00~00쪽에 나와 있으며 여기서는 먼저 달의 8가지 상과 인성 유형을 살펴보기로 한다.

달의 8가지 상과 인성 유형

1. 초승달

12궁도 주위 태양 정면 각도로 45°~90° 위치의 달일 때 태어난 사람들은 초승달 유형이다. 만약 당신이 이 상일 때 태어났다면 당신은 행동에 대한 충동과 자기 확신의 필요를 갖게 된다. 새로운 일에 당신을 던지려는 욕망이 두드러지고, 종종 과거로부터의 탈출을 필요로 한다. 잠재 의식적으로 인생 초기의 경험들에 압도당하고 있다고 느낄 때가 있다.

▶초승달 때 태어난 사람들
프란츠 리스트, 존 에프 케네디, 앤드류 카네기, 밥 겔도프, 메리 맥아서, 인디라 간디.

2. 상현달

12궁도 주위 태양 정면 각도로 90°~135° 위치의 달일 때 태어난 사람들은 상현달 유형이다. 만약 당신이 이 상에 태어났다면 당신은 동기를 느끼고 무엇인가를 부여받아 성취하려는 강력한 활동에 대한 욕구를 갖는다. 당신은 확실한 미래를 건설하기 위해서는 먼저 튼튼한 토대를 만들어야 한다는 것을 아는 사람이다. 비록, 당신이 새롭게 개선된 방법 앞에서 오래된 체계가 무너지는 것을 보는 것에 기쁨을 느낀다 할지라도 당신은 몽상가라기보다는 기초 확립자이다.

▶상현달 때 태어난 사람들 : 조셉 스탈린, 올리버 크롬웰, 쉴리 멕라인, 그레이스 켈리.

3. 철월

12궁도 주위 태양 정면 각도로 135°~180° 위치의 달일 때 태어난 사람들은 철월 유형이다. 만약 당신이 이 상일 때 태어났다면 당신은 개인적 성장을 중요시하는 유형의 사람이다. 당신은 무엇인가 의미 있고 가치 있는 것으로 사회에 공헌하려는 강한 욕구를 느낀다. 그리고 그 목표를 이루기 위한 준비를 한다. 인생에 명확한 목표를 갖는 것은 매우 중요하다. 당신의 예리한 이성은 가치 있는 명분과 관련된 사고에 초점이 맞추어져 있다.

▶철월 때 태어난 사람들
로드 바이런, 조지 거쉰, 아이작 뉴튼, 프랭클린 루스벨트, 크리스천 디오르, 루치아노 파바로티.

4. 보름달

 보름달 때 그리고 그 후 3일 반 사이에 태어난 사람들은 보름달 유형이다. 만약 당신이 이 때 태어났다면 당신은 대중의 주목을 받고 싶은 욕구를 느낀다. 당신의 업적을 인정받기 원하며 그 업적이 세상에 영향 끼치는 것을 보고 싶어 한다. 개인적, 사회적 요소들 간의 관계에 대한 명확한 이해와 목표가 있다.

▶보름달 때 태어난 사람들
루돌프 스타이너, 잔 다르크, 크리슈나 무르티, 제너럴 프랑코, 티나 터너, 커크 더글러스.

5. 파종달

 태양을 등진 각도로 $45°\sim90°$ 또는 보름달 후 3일 반에서 7일까지 이지러지는 달 사이에 태어난 사람들은 파종달 유형이다. 만약 당신이 이 상일 때 태어났다면 당신은 당신의 배움과 경험을 실제적으로 이용할 수 있는 능력을 갖고 있다. 또한 당신은 다른 사람들의 일이나 가치를 인정하고 증진시키는 데에 성공적일 수 있다. 당신은 당신이 가치 있다고 생각하는 것을 주장하는 선동가이며 그것을 대중화시킬 능력이 있다.

▶파종달 때 태어난 사람들
아돌프 히틀러, 칼 융, 단테, 휘트니 휴스턴, 올리비아 뉴튼 존, 빌 클린턴.

6. 하현달

 태양을 등진 각도로 $90°\sim135°$의 이지러지는 달에 태어난 사람들은 하현달 유형이다. 만약 당신이 이 상일 때 태어났다면 당신은 당신의 이상적인 신념을 일상 생활로 실천하려는 욕구를 갖는다. 개인적, 사회적 관계에서 당신은 기필코 유지하고자 하는 태도와 원칙을 고수하려는 경향이 있다. 당신은 미래 세대를 위해 씨를 뿌리는 잔월 유형처럼 당신이 볼 수 없는 미래를 위한 일을 준비한다.
▶하현달 때 태어난 사람들
마하트마 간디, 니콜라이 레닌, 빌리 진 킹, 월트 디즈니, 오프라 윈프리, 빌리 할리데이.

7. 잔월

신월이 되기 전 3일 반 동안 태어난 사람들은 잔월 유형이다. 당신이 이 상에 태어났다면 당신은 미래에 대한 거의 예언자적 감각을 갖는다. 당신은 인생의 목표를

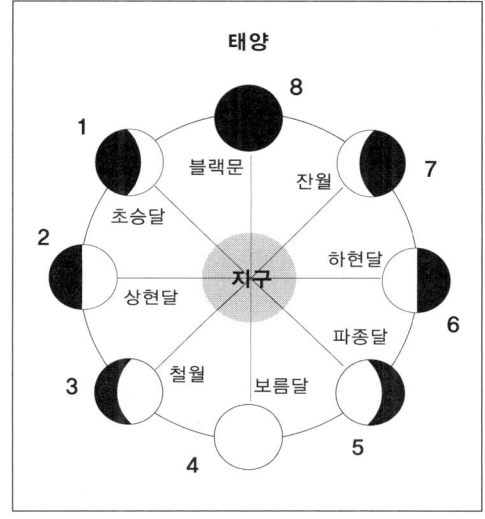

향해 나아가는 것과 같이 사회적 운명을 강하게 느낀다. 감정이 아주 강렬하고 직관력이 잘 발달되어 있다.
▶잔월 때 태어난 사람들
로베스피에르, 칸트, 에이브레험 링컨, 세실 로데스, 조르지오 아르마니, 슈테피 그라프.

8. 신월 또는 블랙 문

신월 때 그리고 그 이후 3일 반 동안 태어난 사람들은 신월 유형이다. 이 상의 기간 동안 태어났다면 당신은 일반적으로 다른 사람들 또는 사회와의 관계에 있어 주관적이며 충동적이고 감정적이다. 현실과 꿈을 구별하는 것이 어렵고 주위 사람을 있는 그대로가 아니라 당신이 인식하는 대로 판단한다. 당신 주위의 사람들에게 영향을 끼치는 창시자로서, 오늘 당신이 하는 것을 내일 다른 사람들이 이어받게 될 것이다. 신선한 출발을 선호하며, 그것이 '오래된 쓰레기'들을 제거하는 것일 경우 일이 더 많을수록 좋다.
▶신월 때 태어난 사람들
지그문트 프로이드, 빅토리아 여왕, 우드로 윌슨, 칼 마르크스, 애니 레녹스, 해리슨 포드.

원소(The Elements)

점성술, 그리고 모든 상징주의에서 불, 흙, 공기, 물의 4원소는 창조적, 물질적, 정신적, 정서적 활동의 특질을 대표한다.

마치 지구 주위를 도는 것처럼, 달은 점성학자들이 12궁도라고 부르는 12개의 30°로 분할된 황도 위를 돈다. 달은 약 2.5일 동안 한 궁도를 돌고 음력으로 한 달 동안 12개의 궁을 도는 여행을 마감한다. 8개의 서로 다른 상을 보일 때마다 달은 다른 황도 위에 있을 것이고, 그 자리에 있는 궁은 상을 지배하는 4가지 원소를 정의하게 될 것이다. 각각의 황도는 4원소의 특질을 가지는데 그것들은 아래와 같다.

불 - 양자리, 사자자리, 궁수자리
흙 - 황소자리, 처녀자리, 염소자리
공기 - 쌍둥이자리, 천칭자리, 물병자리
물 - 게자리, 전갈자리, 물고기자리

불

창조성을 말할 때 많은 사람들은 예술만을 생각하지만 결코 그렇지 않다. 무엇인가 발생하도록 만드는 행동, 즉 무에서 유를 창조하거나 이룰 수 있다는 비전을 갖고 있으며 또 가능성 있는 것을 확실한 것으로 바꾸기 위해 에너지를 쏟는다는 의미에서 모든 사람은 창조적이다. 만일 어느 사업가가 잠재적 시장을 알아보고 지금까지 존재하지 않았던 상품이나 서비스 공급에 착수할 때 그는 창조적이다. 당신이 어떤 행동을 시작할 때, 가령 야구를 한다거나 비록 그것이 사소한 것일지라도 자기가 책임질 계획을 착수할 때 당신은 당신의 창조성을 사용하고 있는 것이다. 이것은 당신 안에 있는 불의 원소를 활성화시키는 행동이다. 모든 창조적인 행동의 원천이자 직관적인 특질은 불과 관련되어 있다. 불은 직관력, 즉 발생하기 전에 무엇인가를 아는 그것이다.

▶불과 관련된 주제들
창조적인 일, 프로젝트의 시작과 완수, 열정, 흥분, 과장, 경기, 정열, 과시, 오락.

이 불을 상징하는 카드의 색은 빨강색이다.

흙

흙은 가정, 돈, 재산, 소유물, 획득을 포함하여 모든 물리적, 실제적인 것을 나타낸다. 그것은 또한 당신의 신체, 다시 말하면 당신의 외모, 입고 있는 옷, 먹는 음식, 건강을 말해준다. 우리 안에 있는 종의 특질은 매우 강하다. 어떤 면에서 인간은 다른 사람들을 소유하려 하고 그들을 소유물로 여긴다. 흙은 가족, 친구, 아이들 그리고 동료이다. 흙은 무엇인가 더 큰 성장의 잠재성을 가진 모든 것을 나타낸다. 주택, 궁전, 사업, 제국은 흙의 범주 안에 있다. 흙은 당신의 권위, 사회적 위치, 기술, 업적을 의미한다.

▶흙과 관련된 주제들 : 제도, 법, 일정, 사업, 쇼핑, 보험, 저당, 저축, 조경, 농업, 은행.

이 흙을 상징하는 카드의 색은 초록색이다.

공기

공기는 지성과 관련된 모든 것이다. 그것은 아이디어, 논리, 상상, 가르침, 학습, 의사 소통, 글쓰기와 관련된 모든 것들, 언론, 계약, 협의 등을 포함한다. 공기는 또한 사회적 접촉의 좀더 가벼운 형태, 예를 들면 파티, 친구 만나기, 사회적 이벤트, 축하, 재결합 등을 의미한다.

공기가 의사 소통과 관련되어 있기 때문에 그것은 모든 종류의 움직임과 접촉, 전화, 이메일, 서신 교환, 짧은 여행 등을 포함한다. 공기는 또한 넓은 의미의 지적 여행인 학습, 심화 교육, 언론, TV를 지배한다.

▶공기와 관련된 주제들 : 아이디어, 발명, 이성, 개념, 다재 다능, 설명, 원리, 모임, 토론, 계약.

이 공기를 상징하는 카드의 색은 노랑색이다.

물

    물은 우리 삶의 정서적인 면을 나타낸다. 사랑, 증오, 욕망, 반감, 쾌락, 고통 등은 우리의 감정이다. 친밀한 정서적 관계, 가족, 연인, 라이벌, 심지어 적조차 물에 의해 묘사된다. 물은 예감, 공포, 기억, 그리고 향수를 상징하지만 무엇보다도 무의식을 나타낸다. 따라서 그것은 모든 다른 원소와 관련된 문제들을 포함할 것이다. 물은 원소 그 자체처럼, 당신이 자신을 형성하고 당신이 발견한 어떤 것에 용기를 내어 감정을 쏟아내는 상징성을 지닌다. 감정이란 물처럼 들어오고 나가며, 조수처럼 왔다가 사라지면서 어려운 상황들을 씻어내 버린다. 아니 다른 무엇보다도 감정은 오랫 동안 살아남는다. 씻어낸다는 이미지, 가장 단단한 바위를 부수는 물의 이미지는 이것이 모든 원소 중에서 가장 끈질기고 강력하다는 것을 나타낸다.

▶물과 관련된 주제들 : 사랑, 증오, 분노, 기분, 동정, 선호, 부드러움, 좌절.

    물을 상징하는 카드의 색은 파랑색이다

원소와 달의 상과의 조합

    4개의 원소와 8개 달의 상을 조합한 32개의 문 페이즈 카드가 있다. 이 카드들은 달의 점성학에서 점을 치는데 가장 중요한 것이다. 그것은 카드를 읽는 시간, 하늘에 떠 있는 달과 관련되어 있다(17쪽 '문 페이즈 카드의 간편 열쇄' 참고). 그것은 예지적인 체계로서 독특하며 어떤 일이 과거에 언제 일어났는지, 미래에 언제 일어날 것인지를 말해 준다. 일단 당신이 8개의 달의 상이 뜻하는 의미를 알게 되면 각 원소의 상징과 결합시켜 유추 해석하는 것은 간단해진다. 달의 상이 씨앗에서 열매로의 성장 단계를 나타내는 반면, 원소는 초점화된 개념을 나타낸다.

    예를 들어, 흙의 초승달 카드는 물질적 투자의 싹(또는 시작)을 의미하는 것으로, 이는 재정적 프로젝트의 시작을 나타낸다. 물의 보름달은 만개하는 감정적 관계나 느낌을 나타내며, 당신의 그 느낌은 밖으로 드러날 것이다. 불의 잔월은 훗날 운명 지어진 창조적 프로젝트의 씨앗을 뿌리는 것으로, 아마도 그것은 보다 적절한 때를 위하여 간직하게 될 것이다. 공기의 하현달은 과거의 성공을 이용하여 전에 계획했던 아이디어의 새로운 제시나 갱신을 나타낼 수 있다.

이렇듯 원소와 달의 상의 기본적인 조합은 복잡하지 않다. 짧은 테스트를 통해서 한 두 시간 내에 익힐 수 있으며 당신이 직접 문 페이즈를 해석할 수 있다는 것을 알게 될 것이다.

			문 페이즈 카드의 간편 열쇠		
1	◐	차오르는 초승달	새싹 SHOOTS	불 흙 공기 물	충동 투자 아이디어 본능
2	◐	차오르는 상현달	잎 LEAVES	불 흙 공기 물	경쟁 안정 적응 선택
3	◐	차오르는 철월	꽃 봉오리 BUDS	불 흙 공기 물	개인성 야망 승진 열정
4	○	보름달	꽃 FLOWER	불 흙 공기 물	인정 업적 해결 성취
5	◑	이지러지는 파종달	열매 FRUIT	불 흙 공기 물	자신감 책임 평판 약속
6	◑	이지러지는 하현달	낙엽 FALL	불 흙 공기 물	대립 원리 도전 처리
7	◑	이지러지는 잔월	씨앗 SEEDS	불 흙 공기 물	화해 협상 양보 환멸
8	●	블랙문	정지 DORMANT	불 흙 공기 물	재충전 경제 수정 고독

성수(The Mansions of the Moon)

성수는 전세계 많은 지역에서 공통적으로 통용되는 점성술의 특징이며, 태양보다는 달에 기초한 초기 점성학에서부터 발전되어 왔다는 것이 우리의 견해이다. 바빌로니아와 이집트 점성학이 달에서 유래했다는 증거가 있으며, 심지어 로마 시대에도 아우구스티누스 황제는 주화에 태양 상징이 아니라 달의 상징인 염소를 사용했다.

12 황도를 360°도는 달의 여행은 28개 부분으로 나누어질 수 있고 이는 음력의 한 달과 근접한다. 1에서 28까지 각각의 부분을 성수라고 하며 그 각은 12°(도) 51′(분)을 차지한다(아래 그림에서 맨 바깥쪽 고리). 달이 어떤 상에 있는지 그것은 성수의 한 부분이다.(아래 그림 참조)

한편 황도는 12개가 있는데 전통적으로 각각의 황도는 10°를 차지하는 세 개의 상징으로 나누어진다. 각각의 상징은 원소 그룹 내 3개의 상징 중의 하나인 행성에 의해 지배 받는다.

예를 들면, 불의 궁위에서 첫 번째 데카나트는 양자리와 화성에 의해 지배된다. 두 번째 데카나트는 사자자리와 태양에 의해, 그리고 세 번째 데카나트는 궁수자리와

행성의 상징		
상징	행성	연관된 궁위와 상
☉	태양 SUN	사자자리 ♌
☽	달 MOON	게자리 ♋
☿	수성 MERCURY	쌍둥이 ♊ 처녀자리 ♍
♀	금성 VENUS	황소 ♉ 천칭자리 ♎
♂	화성 MARS	양자리 ♈
♃	목성 JUPITER	궁수자리 ♐
♄	토성 SATURN	염소자리 ♑
♅	천왕성 URANUS	물병자리 ♒
♆	해왕성 NEPTUNE	물고기자리 ♓
♀	명왕성 PLUTO	전갈자리 ♏

안쪽의 고리는 12개 황도 궁위를 보여준다. 가운데 고리는 그들이 지배하는 행성과 함께 각각의 궁위에서 3개로 나뉜 데카나트(decanate)를 나타낸다. 그리고 맨 바깥쪽 고리는 28개 성수를 보여준다.

목성에 의해 지배된다. 각각의 성수는 황도 궁위의 특징과 그것을 받아들이는 지배자 행성의 특징을 갖는다. 그리고 대부분은 결합된 두 개의 궁위의 본성을 지닌다.

28개의 성수 카드가 있다. 각각 카드의 이름은 이해의 열쇠를 제공한다. 얼마 후면 당신은 이미지 자체로부터 카드를 읽을 수 있을 것이다. 성수의 의미는 점성학에 의해 정의된 것이며 각각의 카드에 해석이 주어진다. 문 페이즈와 성수 카드의 조합은 카드 읽기에 가능한 많은 의미들을 제공한다.

성수 카드의 간편 열쇠

성수	출발	마침	행성	핵심어	원소
1. 화산	00.00 ♈	12.51 ♈	♂☉	에너지 축적	불
2. 음악가	12.51 ♈	25.43 ♈	☉♃	아름다운 기회	불
3. 궁전	25.43 ♈	08.34 ♉	♃♀	온화한 탐닉	불/흙
4. 돌	08.34 ♉	21.26 ♉	♀♄	영향력 있는 모임	흙
5. 바퀴	21.26 ♉	04.17 ♊	♄☿	실제적 의사 소통	흙/공기
6. 다리	04.17 ♊	17.08 ♊	☿♀	정신적 유대	공기
7. 방문객	17.08 ♊	00.00 ♋	♀♆	기대하지 못한 관계	공기/물
8. 기사	00.00 ♋	12.51 ♋	☽♀	본능적 보호	물
9. 물 주전자	12.51 ♋	25.43 ♋	♀♇	타인 돕기	물
10. 분수	25.43 ♋	08.34 ♌	♇☉	강력한 상상력	물/불
11. 행운	08.34 ♌	21.26 ♌	☉♃	최상의 행운	불
12. 추락	21.26 ♌	04.17 ♍	♂☿	상쾌한 출발의 필요	불/흙
13. 제단	04.17 ♍	17.08 ♍	☿♄	비관적 사고	흙
14. 왕위	17.08 ♍	00.00 ♎	♄♀	인정에의 욕구	흙/공기
15. 꽃다발	00.00 ♎	12.51 ♎	♀♆	기대치 못한 모임/선택	공기
16. 문	12.51 ♎	25.43 ♎	♅♇	새로운 기회	공기
17. 검	25.43 ♎	08.34 ♏	♇☿	복수	공기/물
18. 희생	08.34 ♏	21.26 ♏	♀♆	극단적 감정	물
19. 두 개의 길	21.26 ♏	04.17 ♐	☽♃	감정적 흥분	물/불
20. 위기	04.17 ♐	17.08 ♐	♃♂	격렬	불
21. 둘	17.08 ♐	00.00 ♑	♂☉	경쟁적 행동	불/흙
22. 결혼	00.00 ♑	12.51 ♑	♄♀	확신의 행동	흙
23. 고백	12.51 ♑	25.43 ♑	♀☿	자신 있는 대화	흙
24. 가면	25.43 ♑	08.34 ♒	☿♇	속임수	흙/공기
25. 반역	08.34 ♒	21.26 ♒	♇♅	명분을 위한 논쟁	공기
26. 포로	21.26 ♒	04.17 ♓	♀♆	탈출 시도	공기/물
27. 정신적 지도자	04.17 ♓	17.08 ♓	♆☽	영감, 탈출	물
28. 잠든 자	17.08 ♓	00.00 ♈	☽♀	전조, 의심	물/불

여신(The Goddesses)

판테온 신전에서 많은 신들은 태양신이고 여신들은 대부분 달과 연관되어 있다. 여신을 다루는 많은 고전적 이야기에서, 그들은 모두 삶과 죽음의 힘을 가지며 가장 깊은 연민의 극한적 본성과 증오와 잔인에 대한 사랑을 표현한다. 이러한 여신의 모습들은 비록 인간의 것이 아닐지라도 우리 모두에게 잠재되어 있는 좋고 나쁜 특징을 나타낸다. 각각의 여신은 그녀가 관련된 계절에 따라 점성학적인 기호로 묘사된다. 젊은 하얀 여신들은 물고기자리부터 양자리, 황소자리, 쌍둥이자리를 거치며 봄에 움직인다. 성숙한 빨간 여신들은 게자리부터 사자, 처녀, 천칭자리를 거치며 여름에 움직인다. 전갈자리에서 시작하는 파괴적인 검은 여신들은 궁수, 염소, 물병자리를 거치며 움직인다.

어떤 카드 해석에서든 카드의 한 부분으로 그려진 여신은 질문을 지배한다. 그녀는 당신의 관심거리를 돌보는 수호천사나 요정 대모처럼 행동한다. 이 각각의 여신들은 가장 효과적인 행동으로의 다른 접근을 나타낸다. 또한 그녀는 어떤 문제나 질문에 대한 바람직한 결론을 이끌기 위해 당신이 해야만 하는 방법들을 세세하게 보여준다. 각각의 신들과 친해지기 위해서는 누구든지 여신을 선택하는 것이 유용하다. 그녀의 특징이 어떻게 인생의 사건들과 연관되는지를 보라.

여신 점성학적 궁위

하얀 여신
이슈타르 – 물고기자리
아르테미스 –양자리
비너스 – 황소자리
아테네 – 쌍둥이자리

빨간 여신
헤라 – 게자리
이시스 – 사자자리
데메테르 – 처녀자리
가이아 – 천칭자리

검은 여신
릴리스 – 전갈자리
칼리 – 궁수자리
헤카테 – 염소자리
프리야 – 물병자리

카드 해석법

카드를 사용하기 전에, 편안한 기분을 유지할 필요가 있다. 당신에게 중요한 관심거리에 마음을 빼앗기거나, 그날의 사건과 관련된 생각으로 산만해지면, 다른 누군가를 위해 통찰력 있고 감각적인 해석을 해줄 수 없을 것이다. 그러니 시작하기 전에 적어도 편안히 10분 동안 앉아 있을 수 있는 조용한 장소를 찾아라. 당신의 생각이 방해 받지않고 이성의 중심에 있도록 하라. 그리고 생각이 당신 자신과 관련 없이 흘러가게 하라. 도움이 되는 특별한 형태의 명상이나 휴식을 찾았다면, 정신적 산만과 육체적 긴장을 제거하기 위해 그것을 사용하라.

카드 해석 전에, 당신의 무의식을 카드와 달에 연결시키는 준비 의례나 의식을 먼저 행하는 것이 중요하다. 의식(儀式)은 당신의 바쁜 생활과 좀 다른 어떤 공간을 확실히 확보하는 것이다. 그것은 어떤 종류의 특별한 활동에 대해 당신이 갖고 있는 존중을 보여주는 것이며, 종교적 또는 마술적 필요와는 관련이 없다. 사실, 우리는 생활의 거의 모든 영역에서 알게 모르게 의식을 행한다.

예를 들면, 가까운 친구나 가족을 위해 준비한 특별한 만찬에 앉기 전에 당신은 꽃과 조명에 장식, 우아하고 잘 조화된 테이블 차리기 등 좋은 분위기를 만들기 위해 많은 시간을 보낼 것이다. 마찬가지로 로맨틱한 만남 전에는 적절한 무드를 위해 향기 나는 목욕같은 사치를 부릴지도 모른다.

하루 중 어떤 시간에 카드를 해석하든지, 당신에게 적합한 의식을 준비하라. 예를 들어, 카드를 해석하려고 할 때 달이 하늘에 있다면 밖으로 나가서 달을 올려다 보라. 달과 접촉하여 그 힘을 끌어 당겨라. 달의 모습을 명상하라. 테이블 위 물그릇에 달이 비추도록 하얀 조약돌을 넣어라. 그리고 주어진 문제에 대해 숙고하며 그것을 응시하라.

스프레드의 형태

 카드를 해석하기 위해 펼칠 수 있는 방법은 많다. 가장 전통적인 타로 스프레드(카드를 놓는 것, 또는 놓는 법)는 달의 신탁에도 그대로 적용시킬 수 있다. 우리는 여기서 달의 신탁 스프레드를 하는 세 가지 다른 방법들을 자세하게 묘사해 놓았다. 여기에 예시되지 않은 다른 스프레드는 카드에 대한 경험이 쌓이면 가능할 것이다. 사실, 카드의 의미에 익숙해지면, 대부분의 카드 해석자들처럼 당신은 아마도 자기에게 적합한 당신만의 스프레드 형을 발전시키고 싶어질 것이다.

 어떤 사건의 시기를 결정하는 문페이즈 카드를 사용하는 능력은 새롭게 개별화된 스프레드를 만든다(17쪽을 보라). 예를 들어, 단지 3개의 카드 (달의 상, 성수, 여신 카드)는 빠른 결정을 하는 데 도움이 될 수 있다. 달의 상(현재) 카드를 뽑을 때마다, 당신은 문테이블의 뒤쪽이나 앞쪽을 찾아봄으로써 (121쪽을 보라), 같은 상이 과거에는 언제 있었으며 미래에는 언제 일어날 것인지 알 수 있다.

 앞서 각 파트로 나누어 자세히 설명했지만, 독자를 위해 다시 한번 간략히 소개를 하고 넘어가자. 문오라클은 다른 카드와 달리 3가지 카드가 함께 들어 있다.

기본 크로스

 다음 페이지의 그림을 참조해서, 지시대로 각각의 위치에 적절한 카드를 놓는다. 기본 크로스 스프레드가 어떻게 이루어지는지 이해하기 위해 견본 해석을 따라 해 보라.

질문

 1999년 3월 31일에, 동화작가인 샌드라가 카드 해석을 부탁했다. 그녀는 출판업자에게 아동도서 사업에 대한 아이디어를 제출했고, 그것은 그녀의 이전 성공작의 캐릭터에 기초한 것이었다. 출판업자는 그녀의 아이디어를 거부했고, 그녀의 것을 대리인을 통해 반송해 왔다. 그 일이 있은 후 샌드라는 이 일을 더 깊이 추진하는 일이 가치 있는 것인지 알고 싶었다.

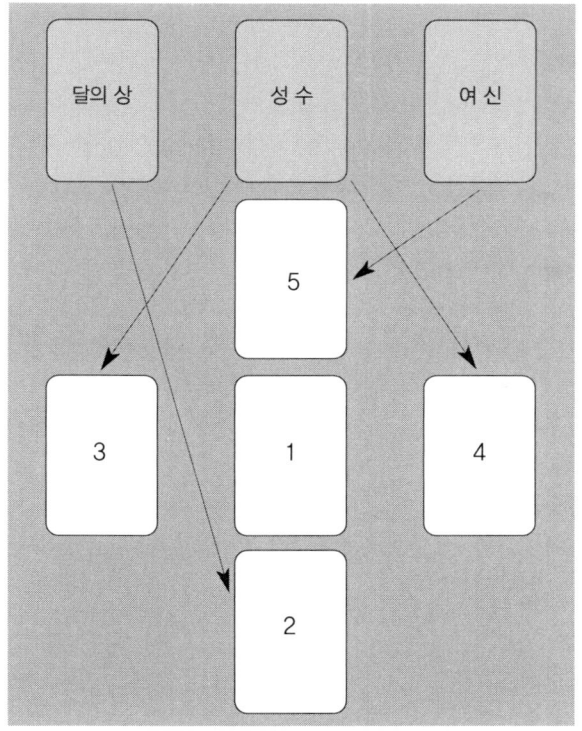

〈기본 크로스〉

카드 배열

해석이 이루어진 날짜는 1999년 3월 31일이었다. 문테이블은 그 날의 달의 상이 공기의 보름달/천칭자리임을 보여준다. 이 달의 상 카드는 ①의 위치에 놓여졌다. 그것은 질문의 **현재** 양상을 나타낸다.

달의 여신, 달의 성수, 그리고 달의 상 세 패의 카드를 따로 놓고, 문제에 대해 열심히 숙고하면서, 각각 따로 섞었다. 그리고 나서 다음의 방법으로 뽑아서 펼쳤다.

달의 상 팩의 맨 위 카드를 집어서 ②의 위치에 놓았다.

이 카드는 문제의 배경을 나타낸다. 우리는 불의 파종달을 뽑았다.

달의 성수 팩의 맨 위 카드를 집어서 ③의 위치에 놓았다. 이 카드는 다음에 할 일을 위해 필요한 것을 가리킨다. 우리는 성수 16- '문'(door)을 뽑았다.
  성수 한 벌에서 다음 카드를 집어 ④의 위치에 놓았다. 이 카드는 결과를 나타낸다. 우리는 성수 15- '꽃다발' 을 뽑았다.
  마지막으로, 여신의 팩에서 맨 위 카드를 집어서 ⑤의 위치에 놓았다. 이 카드는 상황에 대처하기 위해 질문자가 행동할 필요가 있는 방식을 나타낸다. 우리는 '릴리스'를 뽑았다.

해석
❶ 첫 번째 카드: 공기의 보름달/ 천칭자리는 샌드라의 문제와 완벽히 맞는다. 기본 크로스의 공기는 의사소통과 책에 관한 것으로 그 범주에 매우 잘 맞는다. 보름달은 책에 대한 아이디어가 최종적인 제출 단계에 이르렀다는 것과 최근에 공개되었다는 것을 나타낸다. 어떤 경우 보름달을 보여주는 카드는 성공적인 결과를 의미할 수 있으나, 이 경우에는 단순히 그 아이디어가 다른 사람들에게 보여졌다는 것을 의미한다. 천칭자리의 달은 다른 누군가가 관련되었다는 것을 나타낸다.
  종종 이 달의 상은 활짝 핀 파트너쉽으로 당신이 유리한 쪽으로의 판단, 혹은 다른 사람의 지지를 상징한다. 출판업자가 그 아이디어를 좋아하지 않았지만, 이 카드는 샌드라의 대리인이 가치 있는 프로젝트라고 생각하고 있다는 것을 나타내야 한다.
❷ 파종달은 항상 전에 있었던 일의 발전을 보여준다. 그것이 불이라는 것은 샌드라의 창조성과 관련된 문제라는 것을 상징한다. 이 카드는 과거의 업적으로부터 얻은 자신감을 나타낸다. 그것은 또한 이미 이루어진 무언가 좋은 것을 증진시키고 발전시키기에 좋은 때라는 것을 나타낸다.
❸ 성수 16 – '문(door)'의 위치는 샌드라가 새로운 생각의 흐름을 따라 그녀의 아이디어를 변경하거나, 측면적인 생각을 시도해야 한다는 것을 나타낸다. 그녀는 낡고 친숙한 사고방식을 깨뜨려야 한다. 문은 낙관적이며, 아이디어는 아직 기회를 만들 수 있다는 것을 보여 준다. 인생이 움직이는 것이라면, 그녀는 문을 통해 새로운 미래를 향해 발을 디뎌야만 한다.
❹ 성수 15 – '꽃다발'의 위치는 그 결과의 메시지가 분명하다. 그것은 예기치 못한 사랑을 나타낸다. 이 문제가 공기와 책 시리즈와 관련되어 있기 때문에, 이 카드는

예상치 못한 누군가가 샌드라의 아이디어를 사랑하게 되리라는 것을 의미해야만 한다. 아마도 책에 대한 열정은 기대하지 못한 방향에서 생길 것이고 또한 갑작스러울 것이다.

❺ '릴리스'는 혹평을 받았던 여신이고 아담의 광신적 거부에도 불구하고 살아남았다. 샌드라가 해야만 할 것은 그녀의 대리인이 행동에 옮기도록 박차를 가하는 것이다. 그녀가 받은 첫 번째 거절이 마지막 거절이 아닐지도 몰라도, 그녀는 끝내 출판업자를 찾게 될 것이다.

세븐 시스터즈

다음 페이지의 그림을 참조해서, 지시대로 각각의 위치에 적절한 카드를 놓아 보자. 그 뒤 세븐 시스터즈 스프레드가 어떻게 이루어지는지 이해하기 위해 견본 해석을 따라 해 보라.

질문

지난 몇 년 동안, 일련의 온/오프라인의 관계 후에 다이앤(헤어 드레서)은 피터라는 이름의 새로운 사람을 만나 미칠 듯한 사랑에 빠졌다. 큰 출장 요리 회사의 사장인 피터는 결혼했지만 별거 중이었고 현재 혼자 살고 있다.

몇 주 동안의 만남에서, 서로는 새로운 삶을 함께 시작하기로 결정하고, 런던에서 이사해서 시골에 작은 레스토랑을 열었다. 열정의 홍수 속에서, 그들은 몇 마일 떨어진 곳에 오래된 술집을 발견했고, 이미 그것을 사기 위한 값을 매겼다. 다이앤이 묻고 싶은 질문은, '이것이 잘 되는 일인가, 아니면 내가 미친 것일까?' 이었다.

카드 배열

해석이 이루어진 날짜는 1999년 1월 22일, 오후 3시 15분이었다. 문테이블은 달의 상이 물의 초승달/물고기자리임을 보여준다. 핵심어는 본능. 이 달의 상 카드는 ①의 위치에 놓여졌고 문제의 진정한 본질을 나타낸다.

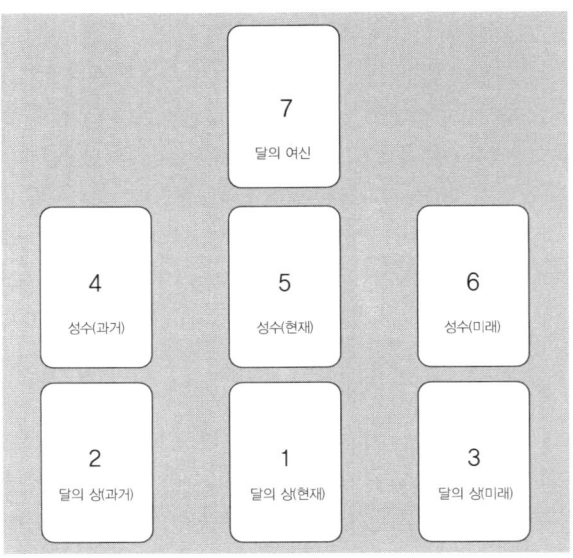

〈세븐 씨스터즈〉

    여신, 성수, 그리고 달의 상― 세 팩의 카드는 각각 문제에 대해 열심히 숙고하면서, 각각 따로 섞었다. 그리고 나서 다음의 방법으로 뽑아서 펼쳤다.
    달의 상 팩의 맨 위 카드는 ②의 위치에 놓았다. 이 카드는 과거를 나타낸다. 우리는 불의 상현달을 뽑았다. 핵심어는 경쟁.
    달의 상 팩의 다음 카드를 집어서 ③의 위치에 놓았다. 그것은 미래를 나타낸다. 우리는 공기의 철월을 뽑았다. 핵심어는 승진.
    다음에, 섞인 한 벌의 성수에서 3개의 카드를 하나씩 달의 상 카드 위에, 왼쪽에서 오른 쪽으로 ④, ⑤, ⑥의 위치에 놓았다. 이 카드들은 문제에 대한 과거, 현재, 그리고 미래의 더 깊은 정보를 제공한다. 우리는 성수 20― '위기' (과거), 성수 8― '기사' (현재), 성수 18― '희생' (미래)를 뽑았다.
    마지막으로 섞인 한 벌의 달의 여신에서 맨 위 카드를 뽑아 ⑦의 위치에 놓았다. 이 카드는 상황에 대처하기 위해 행동할 필요가 있을 문제의 방식을 나타낸다. 우리는 '이슈타르' 여신을 뽑았다.

해석

❶ 물의 초승달은 감정적 사건의 시작을 의미한다. 물고기자리는 감정을 이상화시켜서 현실과 환상을 구별하기 어렵게 한다. 이것은 모든 물의 상징 중에서 가장 영향력 있는 것이며 감정적인 것이 자라나도록 거의 허용하게 될 것이다.

❷ 이 위치(과거)에서 불의 상현달은 아주 많은 잠재적 열정이 이미 나타났다는 것을 보여 준다. 우리는 달이 마지막으로 불의 상현달이었던 때가 1998년 12월 26일이었는지 알아보기 위해 천문력표(天文曆表)를 참고했다. 놀랍게도, 이것은 다이앤과 피터의 회오리같던 첫 번째 데이트와 불과 하루, 이틀 범위 안에 있었다. 그 당시에 달은 양자리 궁이었고, 모든 불의 상징 중 가장 맹렬하고 충동적인 것이었다. 이 카드의 핵심어는 경쟁이고, 아마도 새로운 연인들이 그들의 열정과 헌신 속에서 서로를 능가하려는 양상을 말하고 있다.

❸ 공기의 철월(핵심어는 승진)은 미래를 상징한다. 철월은 보름달을 준비하는 상이고 그러므로 보통 일의 성공에 관하여 유망한 상징이다. 우리는 공기의 상징에서 다음의 철월이 뜰 때를 알기 위해 문테이블을 찾아보았다. 그 날은 해석이 이루어진 날로부터 일 주일 후인 1월 28일이었고 그 때 달은 쌍둥이자리였다. 상황을 드러내고, 당신의 카드를 테이블에 놓을 때라는 뜻이다. 생각이 확고해지고 남겨진 모든 것이 확실한 동의를 얻는다.

❹ 다음으로 우리는 우리의 해석을 발전시키기 위해 성수 카드를 보았다. 과거의 상 카드 위에 성수 20 – '위기'를 놓았다. 이것은 도박꾼의 카드이다. 그것은 무모한 결정이 생각 없이, 순간의 충동으로 이루어졌다는 것을 나타낸다. 또한 문제와 관련된 누군가가 그들의 확실성에 잘못된 신념을 갖고 있다는 뜻이다. 이 카드는 서로에 대해 알아 가는 시간도 거의 없던 다이앤과 피터의 성급한 모험의 본성을 강조한다.

❺ 현재의 달의 상 카드 위에 우리는 성수 8– '기사'를 놓았다. 이 카드는 우리가 말하는 어떤 것도 다이앤이 계획을 미루게 하지 못하리라는 것을 보여준다. 이 성수는 아주 방어적이며, 알을 많이 낳아 가정을 만들려 하는 게자리의 상징이다.

❻ 미래의 달의 상 카드 위에 성수 18– '희생'을 놓았다. 이 카드는 좋은 것이든 나쁜 것이든, 목표에 대한 가능한 가장 열정적인 헌신을 나타낸다. 감당해야 할 희생이 있고, 생각해야 할 많은 심각한 문제들이 있다. 다이앤은 그녀의 집을 팔고 알게 된

지 석 달된 남자에게로 가려 하고 있고, 그 문제로 몇 주를 보내고 있다. 피터는 비록 이혼하려 하고 있지만 아직 혼인 상태이다.

❼ '이슈타르' 여신 카드는 이 전투를 치르기 위해서는 상징적으로 극소량의 필수적인 것도 버리는 것, 모든 것을 포기하는 것이 필요할지도 모른다는 것을 나타낸다, 그리고도 결국에는 다이앤은 도움을 요청하게 될지 모른다는 것을 말해 준다. 이 카드는 문제에 관해 3월이 중요한 달이라는 것을 시사한다.

해석은 일반적으로 이전의 사건에 대해 정확히 윤곽을 잡았고, 비록 위험과 희생을 무릅써야 하지만 미래의 성공 잠재성이 있다는 것을 보여주었다. 미래의 상의 카드가 공기의 철월이므로, 우리는 사랑의 결과가 무엇이든 간에 재정적 그리고 법률적 문제는 100% 완벽해야만 한다고 느꼈다. 우리는 다이앤에게 즉시 법무관을 만나볼 것과 사랑이 돌아설 경우, 그녀가 아무것도 없이 남겨지지 않도록, 불의의 사고에 대비한 계약서를 작성하도록 제안했다.

카드 해석 일주일 후, 다이앤은 새로운 사업에서 그녀의 재정적 위치를 확고히 하는 법률 문서를 법무관으로부터 받았다. 1999년 3월에 소유권에 대한 제안은 받아들여졌고, 그 커플은 아직도 깨지지 않고 잘 살고 있다.

켈틱 크로스

이것은 모든 타로 스프레드 중에서 가장 전통적이며, 달의 신탁과 함께 사용하기에 아주 좋다. 이 배열을 위해서, 당신은 성수와 달의 상 카드를 두 팩을 합쳐서 함께 섞어야만 한다. 단 여신 카드 팩은 따로 섞어라.

현재의 달의 상을 찾기 위하여 문테이블을 참조한 후에, 현재의 달의 상 카드를 찾아 그것을 ❶의 위치에 놓아라. 이 카드는 질문의 본질을 말해 준다.

섞인 한 벌의 여신 카드로부터 맨 위 카드를 집어 그것을 ❷의 위치에 ❶과 교차하여 놓아라. 이 카드는 문제에 대한 여신의 영향력을 보여 준다.

이제 합친 달의 상과 성수 팩에서부터 연속해서 다른 위치로 패를 돌려라.

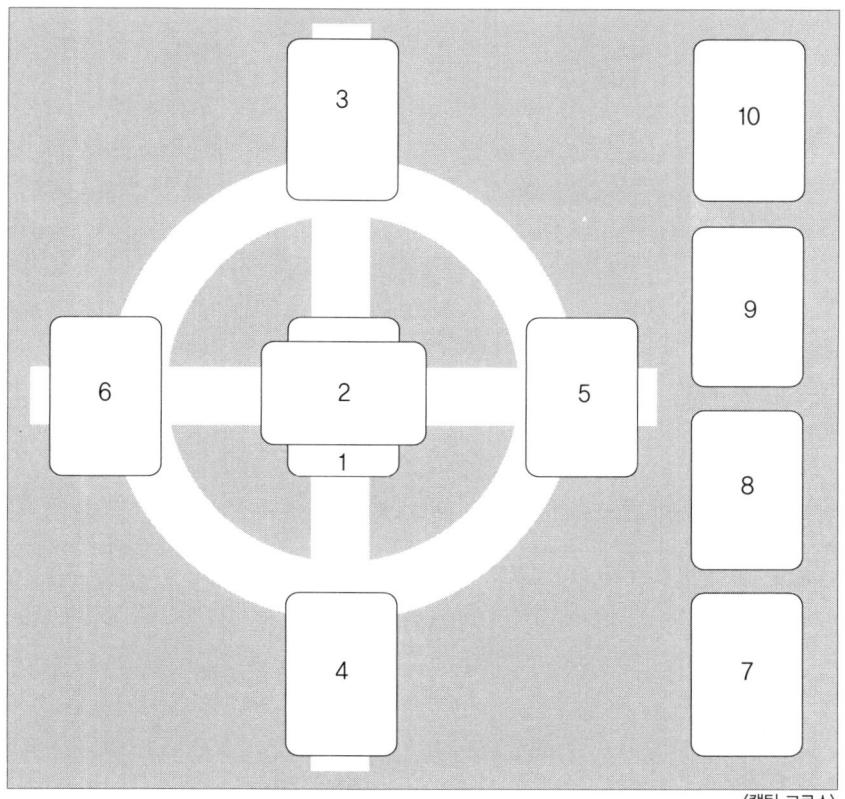

〈캘틱 크로스〉

❸ 이 카드는 상황의 배경을 상징한다.
❹ 이 카드는 최근의 과거 사건을 보여준다.
❺ 이 카드는 현재의 상황을 상징한다.
❻ 이 카드는 미래를 가리킨다.
❼ 이 카드는 문제에 관한 질문자의 감정을 나타낸다.
❽ 이 카드는 다른 사람들이 생각하는 것을 보여 준다.
❾ 이 카드는 문제에 관해 유리한 것과 불리한 것을 나타낸다.
❿ 이 카드는 결과를 나타낸다.

문 페이즈

달의 해독

어떤 질문을 하기 전에 먼저 현재의 달의 모양을 나타내는 카드를 선택해야만 한다. 이것이 달의 해독(解讀)이며 신적인 힘, 그리고 현재의 달의 상(相;Moon phase)과 우리를 연결시킨다. 이것이 전적으로 질문을 지배할 것이다. 달이 차오르는 상에 있을 때, 그것은 항상 보름달과 성장으로의 잠재적인 힘을 나타내는 것이다.

반대로 이지러지는 상에 있을 때 상황은 궁극적으로 악화될 것이고, 스스로 새롭게 되기 전까지 침잠하게 될 것이다.

문테이블(참고로 문테이블은 이 책의 맨 뒷부분에 수록함)에서 선택된 달은 또한 원소와 그것이 나타내는 궁위를 정의한다. 이것은 더욱 구체적인 해석을 가능하게 하고 카드 읽기와 모든 다른 종류의 카드 해석에 있어 최우선적인 것이다.

궁금증을 가진 어떤 문제에 대해 알기 위해서는 문테이블(122쪽~139쪽)에서 현재의 날짜를 찾아라. 그러면 그 날의 달의 상을 찾을 수 있을 것이다.

예컨대 오늘이 2005년 1월 10일이라면 '블랙문/염소자리/흙' 이다(129쪽 위에서 셋째줄). 따라서 문페이즈 카드에서 흙의 블랙문 카드를 골라 내고 그 해석을 따르면 된다(48쪽). 더 구체적인 해석은 염소자리 항목을 보면 된다.

문 페이즈 카드의 시기

세 장의 문페이즈 카드로 우리는 과거와 현재 그리고 미래를 읽을 수 있다. 예를 들어 오늘이 2000년 11월 30일이라고 하자. 문테이블에서 그 날을 찾으면 '초승달/

염소자리/흙'이라고 표시되어 있다. 따라서 문페이즈 카드에서 '흙의 초승달' 카드를 먼저 뽑고 염소자리 항목을 참고하면 된다. 이것이 현재에 대한 해석이다.

  그 다음에는 문페이즈 카드 32장을 잘 섞은 뒤 과거를 위한 카드와 미래를 위한 카드를 한장씩 뽑아낸다. 여기서는 과거를 위한 카드가 물의 보름달이고, 미래를 위한 카드가 공기의 파종달이라고 가정하자. 과거를 해석하기 위해서는 문테이블에서 오늘 날짜(2000년 11월 30일)를 기준으로 그 앞의 날짜로 거슬러올라가 물의 보름달을 찾는다.

  물의 보름달은 원소와 달의 해석을 종합할 때 중요한 감정적인 일의 발단과 전개를 나타낸다. 언제 이런 일이 일어났을까? 문테이블로 다시 되돌아가면 2000년 9월 13일에 물고기자리의 보름달이 있었음을 알게 된다. 이것은 우리에게 다음의 추가적 해석을 하게 해 준다(60쪽을 보라).

  이때는 물고기자리 사람들의 행복 시대이다. 상상하던 모든 것들이 현실이 된다. 중요한 관계에 있어서는 사랑하는 사람을 너무 높고 큰자리에 올려놓는 위험이 있다. 이것은 과거에 대한 더 많은 통찰력을 우리에게 주며 직접적으로 그 날짜의 달과 우리를 연관시킨다.

  한편 미래를 알기 위해서는 오늘 날짜를 기준으로 그 뒤에 있는 공기의 파종달을 먼저 찾아낸다. 문테이블을 찾아보면 2001년 2월 11일, 천칭자리의 파종달이 있을 것이다. 그 해석은 다음과 같다. '당신은 당신 자신을 입증했다. 그리고 이제 좋은 평판을 받게 될 것이다. 다른 이들이 당신의 가치를 느끼며 당신의 지난 성공을 존중할 것이다'(53쪽 참조). 그래서 질문이 무엇이든 간에, 일이 해결될 시기를 명백히 알게 될 것이다.

  이처럼 문페이즈 카드 세 장만 가지고도 우리는 어떤 궁금한 문제에 대한 과거(원인)와 현재, 그리고 미래(해결)를 간단히 알 수 있게 된다.

1. 차오르는 불의 초승달

새싹 ◆ 충동

불에 속한 가냘픈 초승달은 열렬하고 충동적이다. 이 기간에는 모든 사람을 서두르게 하고 흥분된 행동을 충동하는 '기다릴 수 없는' 특징이 있다. 달이 이 상(모습)일때 주로 나타나는 낙관주의와 열정은 가장 창조적인 시작을 위한 행동을 낳는다.

문 테이블에서 선택된 현재의 달이 이 카드일 때, 황도 궁위의 더 많은 해석들.

▶**양자리의 달**- 비전이 있고 에너지가 있다면 무엇을 기다리겠는가? 이 특별한 달의 모습 동안 당신은 더 이상 다른 사람의 도움이 필요하지 않다는 것을 알게 될 것이다. 당신 마음대로 하게 될 것이다.

▶**사자자리의 달**- 이 기간 동안 당신은 어떤 프로젝트를 맡고 싶은 강한 욕망을 갖거나 행동을 하게 된다. 또한 모든 사람이 당신이 하는 일을 알고 있고 그것에 대해 고마워한다는 것을 확신하게 된다.

▶**궁수자리의 달**- 당신의 눈은 먼 수평선에 있고 아마 거기에 닿았을 때 또 다른 수평선이 보일 것이다. 희망을 갖고 여행할 때이다.

불에 속한 달의 상

2. 차오르는 불의 상현달

잎 ◆ 경쟁

달이 태양으로부터 90°에 위치한 불의 상현달로 이동할 때 반은 어둡고 반은 밝으며 모든 것에 균형이 잡혀 있다. 그러나 불의 원소는 충분하지 않다.

이 모습은 당신에게 이로운 곳을 향해 앞으로 나아가려는 강한 충동을 갖게 한다. 그것은 욕망이 승리하도록 격려한다.

문 테이블에서 선택된 현재의 달이 이 카드일 때, 황도 궁위의 더 많은 해석들.
▶ **양자리의 달** – 이것은 가장 공격적인 상현달 모습이다. 진보에 달하도록 모든 반대를 물리칠 충동을 갖는 때이다.
▶ **사자자리의 달** – 당신의 분명한 가치를 얻기위해 모든 대립을 물리치려는 기대가 있다. 성공할 수 있는, 신이 부여한 권리가 있음을 알게 된다.
▶ **궁수자리의 달** – 진실을 찾았고 이제 앞에 있는 빛을 보게 된다. 어깨를 부딪쳐야 한다면 그렇게 해라. 거기에 중요한 것이 있다.

3. 차오르는 불의 철월

꽃봉오리 ◆ 개인성

달빛이 많아지므로 당신의 길에서 모든 경쟁은 사라지고 선택한 행동에 필연성과 특별함이 있다는 것을 깨닫는다. 당신의 운명을 완수하고자 하는 강한 추진력을 느낀다.

문 테이블에서 선택된 현재의 달이 이 카드일 때, 황도 궁위의 더 많은 해석들.

▶**양자리의 달**- 가까이 있는 일에 헌신적으로 전념한다. 아무 것도 당신의 진보를 멈출 수 없고 결과를 기다리는 당신의 욕구는 압도적이다.

▶**사자자리의 달**- 이 때는 의상 리허설 때와 비슷하다. 모든 사람이 자기가 해야 할 행동과 차례를 알고 있다. 요구되는 것은 독특한 발표를 하는 데 필요한 마지막 순간의 치장이다.

▶**궁수자리의 달**- 여행은 그 끝이 보이고 필연적인 슬픔이 씻겨 나가 당신은 다음 일에 생각을 집중하기 시작한다.

4. 불의 보름달

꽃 ◆ 인정

이 모습은 창조적인 일의 성공적인 완수를 나타낸다. 세상 사람들이 당신이 일한 결과를 보기 위해 초대받는 단계이다. 당신은 업적을 인정받거나 바람직한 결과를 얻는다.

문 테이블에서 선택된 현재의 달이 이 카드일 때, 황도 궁위의 더 많은 해석들.
▶ **양자리의 달**– 당신은 모든 역경을 딛고 전투에서 승리한 전사이거나 영웅이다. 그리고 이기고자 하는 당신의 결단력이 다른 사람들을 감동시킨다. 당신은 만족을 느끼며, 잠시 편안히 앉아 쉴 수 있다.
▶ **사자자리의 달**– 이것은 성취자의 궁위이다. 훌륭한 모습을 보여주기 위해서는 사자자리의 보름달이 필요하다. 그것은 다른 사람의 갈채를 받는 것을 나타낸다. 명예를 얻고 영광을 입을 때이다.
▶ **궁수자리의 달**– 당신은 마침내 목적지에 도착한 여행자이며 모험가이다. 성공적인 결과를 이루었다.

5. 이지러지는 불의 파종달

열매 ◆ 자신감

이 모습은 이전의 달 모습으로부터 얻은 결과물을 거두어들이는 것을 나타낸다. 노동의 과실을 즐길 수 있다. 지난 업적을 돌이켜 보면 자신감이 솟는다. 당신이 자랑스럽게 시작했던 일을 증진시키고 발전시키는 때이다.

문 테이블에서 선택된 현재의 달이 이 카드일 때, 황도 궁위의 더 많은 해석들.
▶**양자리의 달**- 지난 날의 노력이 인정받는 때이다. 당신의 평판을 최대로 이용할 수 있고 그 힘으로 나아가며 이미 창조된 아이디어를 발전시킬 수 있다.
▶**사자자리의 달**- 다른 누군가가 과거에 당신이 이룬 일을 확장하거나 발전시킴으로써 인기를 얻고 인정도 받을 수 있다.
▶**궁수자리의 달**- 당신의 견해를 아주 공개적으로 솔직히 말할 수 있는 자신감을 갖는다. 평판이 높아지고 다른 나라들을 경험해 볼 수 있다.

6. 이지러지는 불의 하현달

낙엽 ◆ 대립

달이 태양과 직각을 이루므로 모든 것에 균형이 잡히는 주기의 결정적인 모습이 되었다. 일반적으로 이 모습 동안에는 일이 쉽게 이루어지지 않으므로 강제적으로 추진하거나 인위적으로 도모하는 경향이 있다.

문 테이블에서 선택된 현재의 달이 이 카드일 때, 황도 궁위의 더 많은 해석들.
▶ **양자리의 달**- 당신이 바라는 방식으로 일을 만들려면 사람들이 당신이 목표를 이루는 데 필요한 방식으로 행동하도록 힘의 사용에 있어서 공격적일 필요가 있다.
▶ **사자자리의 달**- 존중과 평판을 유지하기 위해서 열심히 노력해야만 한다. 다른 사람들에게 당신의 가치를 설득하기 위해서는 과거의 성공에 의존할 수만은 없다.
▶ **궁수자리의 달**- 당신은 두 개의 대립적인 길에 직면해 있고 어느 길도 가기에는 명확하거나 적합하지 않다. 앞으로 가는 길과 뒤로 가는 길이 있다.

7. 이지러지는 불의 잔월

씨앗 ◆ 타협

달빛이 이지러지는 잔월을 이루며 흐려지므로 달은 '씨앗'의 단계가 되었다. 미래를 위해 저축할 때이며 이것은 거의 예언적인 특징을 갖는다. 당신의 관심 밖에서 무엇인가 일어나고 있다는 것을 알게 된다.

문 테이블에서 선택된 현재의 달이 이 카드일 때, 황도 궁위의 더 많은 해석들.
▶**양자리의 달**- 이 궁위는 즉각적으로 행동할 때만 편안하다. 그래서 강제적인 비활동성이 있을 때 이 주기가 주는 강한 좌절을 느낀다.
▶**사자자리의 달**- 경기를 기다릴 때 이 궁위는 양자리보다 만족스럽다. 그리고 미래의 일을 상징하는 사자의 자연스런 본성이 나타날 것이다.
▶**궁수자리의 달**- 양자리처럼 창조적 행위가 무엇보다 중요하다. 장기간의 계획에 더욱 집중할 수 있을 것이다.

8. 불의 블랙문

정지 ◆ 재충전

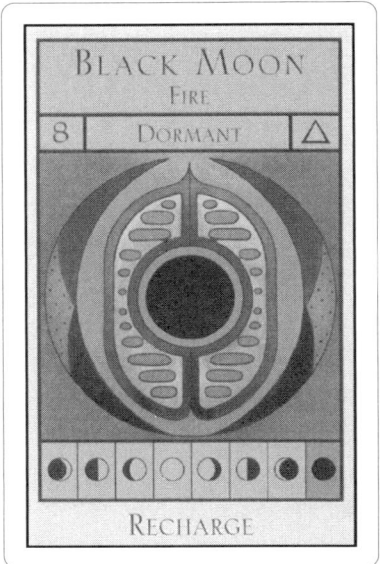

달이 그 빛을 모두 잃는 모습은 불의 궁위에서는 쉽게 오지 않는다. 창조적인 행동, 움직임, 그리고 에너지와 관련하여 안정이 필요하다. 그럼에도 쉬면서 힘을 회복해야 한다는 것은 항상 좌절스런 것이다.

문 테이블에서 선택된 현재의 달이 이 카드일 때, 황도 궁위의 더 많은 해석들.

▶ **양자리의 달** – 이 기간의 비활동성이 극단적인 공격적 반응을 낳을 수 있다. 마침내 쉬어야만 한다는 것을 받아들일 준비가 될 때까지, 당신은 분명히 당신을 어느 곳으로도 이끌지 못할 문을 강제로 열고 싶어 한다.

▶ **사자자리의 달** – 남에게 보여줄 창조적인 일이 없다면 당신은 상심할 것이다. 사자는 무엇인가 위대한 일을 하고 있는 것으로 보여질 필요가 있다.

▶ **궁수자리의 달** – 환상과 현실 사이에서 상처 받는 때이다. 새로운 에너지를 얻기 위해 자신을 움추릴 필요가 있으며 어딘가 다른 곳에 있고 싶은 욕구와 대립한다.

1. 차오르는 흙의 초승달

새싹 ◆ 투자

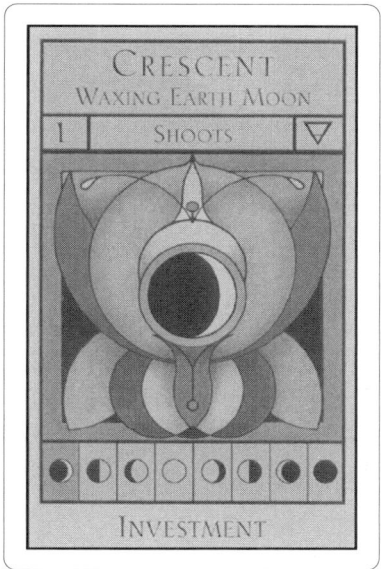

흙의 가날픈 초승달은 그것이 키우는 소중한 것을 느리고도 꾸준히, 그리고 주의 깊은 조심성으로 돌본다. 훗날 열매를 맺으리라고 당신이 느끼는 무엇인가에 투자할 시기이다. 서두르지 마라, 모든 것이 제 때 일어나게 될 것이다.

문 테이블에서 선택된 현재의 달이 이 카드일 때, 황도 궁위의 더 많은 해석들.
▶ **황소자리의 달**- 토러스는 황도의 정원사로 알려져 있고, 이 궁위 아래에서 당신은 막대한 관심과 주의로 가장 다루기 어려운 일을 하고 싶게 될 것이다.
▶ **처녀자리의 달**- 성공을 향한 가장 원만한 길을 가는 데 필요한 모든 것이 이루어졌다고 확신하며 미래를 위해 준비할 시간이다.
▶ **염소자리의 달**- 인내는 이 궁위의 핵심 특질이다. 그러므로 아무리 오래 걸린다 할지라도, 작은 새싹을 위대한 것으로 키우기 위해 많은 노력이 요구된다 할지라도, 그것은 이 달의 영향 아래 이루어질 것이다.

2. 차오르는 흙의 상현달

잎 ◆ 안정

달이 태양과 90° 각도로 흙의 상현달로 움직일 때, 달은 반은 어둡고 반은 밝은 얼굴을 지니며 모든 것에 균형이 잡힌다. 당신이 유리한 쪽으로 그 균형을 잡을 필요가 있다. 일이 성공적인 열매를 향해 나아갈 수 있도록 잘 관리하는 추진력을 격려하며 만들어 낸다.

문 테이블에서 선택된 현재의 달이 이 카드일 때, 황도 궁위의 더 많은 해석들.
▶**황소자리의 달**- 고집스럽고 의지가 강한 접근이 이 달 아래에서 이루어진다. 당신은 중요한 어떤 일에서든 가차 없는 추진력을 갖는다.
▶**처녀자리의 달**- 이 달의 모습은 어떤 일과 관련된 절차나 방법을 착수하는 데 이상적이다. 기술적인 상세한 것들을 필수적으로 실천할 때이다.
▶**염소자리의 달**- 당신이 유리한 쪽으로 균형을 기울여 줄 영향력 있는 사람들을 활용할 수 있을 것이다. 다음 단계를 위한 토대를 준비하는 데 이상적인 시기.

3. 차오르는 흙의 철월

꽃봉오리 ◆ 야망

달빛이 밝아지므로 계획은 실행 가능한 명제가 되고, 완수를 위해 일을 발전시키는 것이 필수적이다. 과업은 이제 성공을 향하고 광범위한 추진력에 이끌려진다.

문 테이블에서 선택된 현재의 달이 이 카드일 때, 황도 궁위의 더 많은 해석들.
▶**황소자리의 달**- 이제 과업을 위한 나사들은 제 자리에 조여져 있다, 최후의 발표를 위해 준비할 시간이다. 그 일이 어떻게 다른 이들에게 보여질 지가 중요한 것이 된다.
▶**처녀자리의 달**- 결정적인 것과 버려야 할 요소들을 구별하기 위해 광범위한 긍정적 분석을 하게 될 것이다. 그러한 분석은 중요한 날에 모든 것이 원활하게 운영되도록 보장할 것이다.
▶**염소자리의 달**- 책임감이 강해지고, 완성을 위한 추진은 하나의 모습을 이룬다.

4. 흙의 보름달

꽃 ◆ 업적

달의 주기에서 이 기간은 물질적인 사업의 성공과 완성을 특징으로 한다. 열심히 일한 결과는 이제 모두에게 보여지고, 당신의 사업적 통찰력은 다른 이들에게 인정받는다. 재정적으로 이익이 되는 결과가 이 때 나타난다.

문 테이블에서 선택된 현재의 달이 이 카드일 때, 황도 궁위의 더 많은 해석들.
▶**황소자리의 달**- 아주 가치 있는 성공의 즐거움이 지나친 탐닉을 일으키는 경향이 있는 때이다. 그러므로 그러한 충동에 약간 고삐를 매도록 노력하라.
▶**처녀자리의 달**- 사업의 성공은 이제 확실하다. 만약 당신이 그것에 흡족해 하기보다는 겸손한 걸음을 걸을 수 있다면 다른 사람들에게 좋은 인상을 줄 수 있을 것이다.
▶**염소자리의 달**- 성공적인 과업 완수에서 기인한 갈채와 다른 이들의 인정은 당신의 사회적 삶에서 당신을 더욱 유명하게 만들 것이다.

5. 이지러지는 흙의 파종달

열매 ◆ 책임

음력에서, 과거의 노력으로 얻게 되는 물질적 획득을 나타내는 때이다. 추수를 거두었고 당신은 그것을 가지고 무엇을 해야 할지 주의 깊게 생각해야만 한다. 미래의 안전을 확실하게 하는 방식으로 이익을 분배하는 책임을 갖는 때이다.

문 테이블에서 선택된 현재의 달이 이 카드일 때, 황도 궁위의 더 많은 해석들.

▶ **황소자리의 달**- 당신의 성공을 유지하기 위해서는 최근의 획득물들을 주의 깊게, 아마도 안전한 투자로 사용해야만 한다.

▶ **처녀자리의 달**- 물질적 획득물은 완전히 새롭고 더 나은 방안과 일의 체계로 바뀐다. 생산적 분석을 할 때이다.

▶ **염소자리의 달**- 미래를 위한 새로운 가능성을 세우기 위하여 이제부터는 투자 이익을 나눌 때이다.

흙에 속한 달의 상

6. 이지러지는 흙의 하현달

낙엽 ◆ 원리

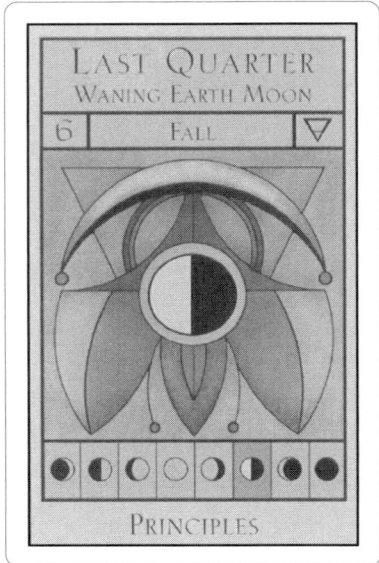

 달이 90° 각도로 태양과 직각이 되므로 모든 것에 균형이 잡히는 결정적 상에 도달했다. 재정 균형을 유지하기 위해 당신이 해 왔던 기본적 원칙들을 돌아보고 탐색할 필요가 있다.

문 테이블에서 선택된 현재의 달이 이 카드일 때, 황도 궁위의 더 많은 해석들.
▶**황소자리의 달**- 이미 얻은 명예에 더 이상 안주할 수 없으며, 앞으로 더 나아가기 전에 계획의 토대가 되는 기초를 재평가해야만 하는 결정적 상이다.
▶**처녀자리의 달**- 당신이 관련된 물질적 사업은 어떤 종류의 막다른 골목에 도달했다. 재정 상태가 동요하며, 평가하기가 어렵다. 당신이 일하는 모든 양식을 분석할 필요가 있다.
▶**염소자리의 달**- 당신이 관련된 프로젝트의 원칙들을 살펴보는 것이, 만족스런 방향으로 정교하게 균형 잡힌 상황으로 이끌어내기 위한 기초가 된다.

흙에 속한 달의 상

7. 이지러지는 흙의 잔월

씨앗 ◆ 협상

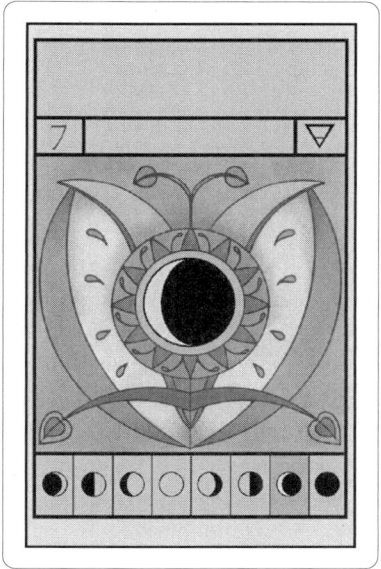

곧 가냘픈 초승달이 되므로 달빛은 줄어 들고, 달은 그 주기의 '씨앗'의 상태에 도달했다. 일과 관련된 모든 것이 당신의 완벽한 컨트롤에서 훨씬 벗어난다. 다른 사람들과의 협상이 이제 필요하다.

문 테이블에서 선택된 현재의 달이 이 카드일 때, 황도 궁위의 더 많은 해석들.
▶**황소자리의 달**– 이 달의 모습 동안 완강하게 당신의 길을 막는 위험이 잔존해 있다. 필연적인 변화를 받아들일 준비를 해야 하고 거기에 적응해야만 한다.
▶**처녀자리의 달**– 어떤 면에서 과거에 이루어졌던 일정들은 더 이상 적절하지 않으며, 변해야만 한다. 움직이기 전에 강요된 이 변화를 받아들여야만 한다.
▶**염소자리의 달**– 당신이 이전에 누렸던 파워가 떨어지는 상황에서, 가능한 한 최선의 거래를 위해 협상할 준비가 있어야 한다.

8. 흙의 블랙문

정지 ◆ 경제

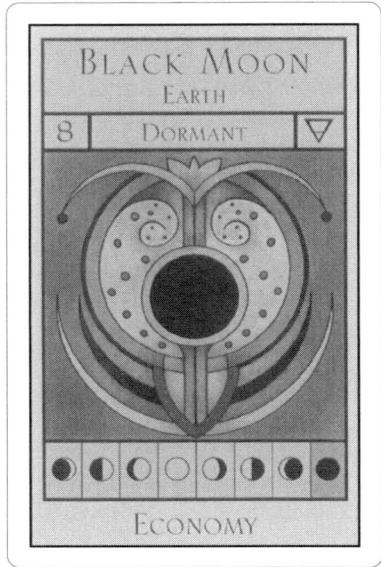

　달이 흙의 상징에서 모든 빛을 잃을 때, 모든 면에서 진보는 늦어진다. 물질적인 사업에서는, 새로운 투자를 하거나 어떤 종류의 모험을 할 시기가 아니다. 비용을 줄이는 시기이다.

문 테이블에서 선택된 현재의 달이 이 카드일 때, 황도 궁위의 더 많은 해석들.
▶**황소자리의 달**- 힘든 노동을 통해 얻은 가정적 안락을 포기해야 하는 매우 즐겁지 못한 때이다. 그러므로 평상시보다 더 많은 자기 규율이 필요할 것이다.
▶**처녀자리의 달**- 필요한 비용과 그렇지 못한 비용을 결정할 때이다. 조금은 가차 없는 회계가 요구된다.
▶**염소자리의 달**- 완성하지 못한 채로 남겨져 있던 일로 돌아가기에 이상적인 기간이다. 진보와 완성에 대한 필요성이 있기 때문이다. 그러므로 아무 것도 쓸모 없는 것은 없으며, 모든 것은 후일의 새로운 출발을 위해 준비하는 것이다.

1. 차오르는 공기의 초승달

새 싹 ◆ 아이디어

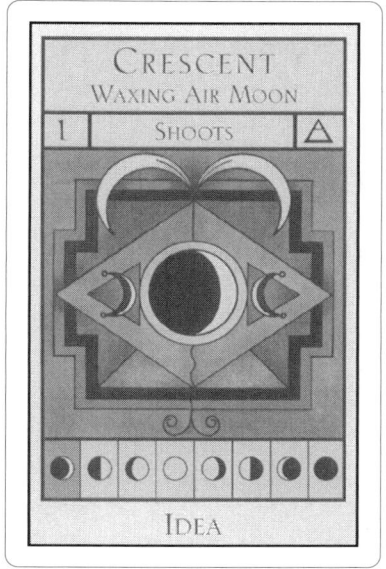

공기의 가냘픈 초승달은 새로운 시작의 때를 뜻한다. 활기 넘치는 혼잡과 생기, 연구와 토론의 시기이다. 이 달의 상 동안, 당신은 발전을 위한 거대한 잠재성을 지닌 새로운 아이디어와 관련될 것이다.

문 테이블에서 선택된 현재의 달이 이 카드일 때, 황도 궁위의 더 많은 해석들.

▶**쌍둥이자리의 달**- 추진할 가치가 있는 뛰어난 아이디어를 갖게 된다. 그러나 그것이 실체를 갖도록 시장 조사를 하거나 많은 정보를 모을 필요가 있다.

▶**천칭자리의 달**- 당신의 아이디어와 관련된 다른 이들의 의견이나 견해를 알기 위하여 친구, 동료, 또는 이전의 고객들과 토론을 하기에 이상적인 때이다.

▶**물병자리의 달**- 당신의 아이디어를 충분히 탐색할 때이다. 그것의 가장 유망한 형태를 확실히 찾을 수 있도록 당신의 아이디어를 분석하고 숙고하며 다른 상황과 견주어 검증하라.

2. 차오르는 공기의 상현달

잎 ◆ 적응

태양과 90° 각도로 달이 공기의 상현달로 움직일 때는, 가능한 많은 사람들로부터 당신의 아이디어에 대한 반응을 듣고 거기에 맞춰 개념을 조정할 때이다. 가능한 많은 사람들에게 호소력이 있게 아이디어를 변경하고 조절할 때인 것이다.

문 테이블에서 선택된 현재의 달이 이 카드일 때, 황도 궁위의 더 많은 해석들.
▶**쌍둥이자리의 달**- 신체적이기도 하고 정신적이기도 한 많은 움직임이 있다. 당신은 독창적인 생각을 발전시키는 과정에서 한두 개의 비즈니스 여행에 관련될 것이다.
▶**천칭자리의 달**- 다른 누군가와의 협조 속에서 아이디어를 실행할 필요가 있을 것이다. 적합한 사람을 찾는다면, 그들은 당신이 더 한층 나아갈 수 있도록 자신감을 줄 것이다.
▶**물병자리의 달**- 이 기간에 아이디어는 합리적인 것이 되고 제시를 위한 준비가 이루어진다. 독창적 개념을 소통시키기 위한 새로운 방법들이 구해진다.

3. 차오르는 공기의 철월

꽃봉오리 ◆ 승진

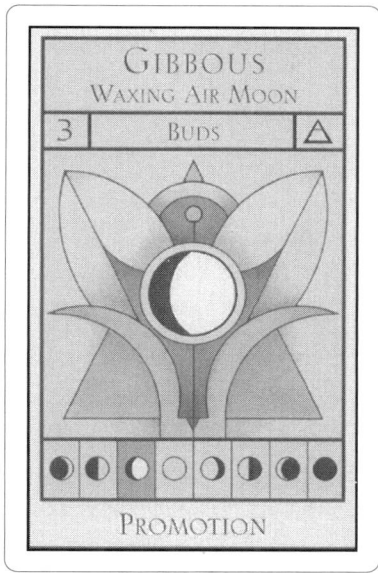

달이 이 모습에 도달했을 때, 그늘보다 햇빛이 더 많다. 상징적으로, 어떤 주제의 일이건 간에 이제 더 많은 빛이 그 일에 비춰질 것이다. 상황을 드러내고, 카드를 테이블에 펼치며 열정을 갖고 당신의 비전을 증진시킬 때이다.

문 테이블에서 선택된 현재의 달이 이 카드일 때, 황도 궁위의 더 많은 해석들.
▶**쌍둥이자리의 달**- 어려운 설득을 행하기에 이상적인 단계이다. 생각은 건전하고 남겨진 모든 것이 완벽한 승인을 얻는다.
▶**천칭자리의 달**- 이 상징에 위치한 달의 모습에서는, 도움이 적절한 때 올 것이다. 과업의 발전 과정에서, 파트너가 성공에 도움이 되는 필요한 일을 해줄 것이다.
▶**물병자리의 달**- 자유로운 것을 주장하는 때이다. 특이하고, 심지어 기묘한 접근이 당신 생각의 성공 가능성을 높일 것이다.

4. 공기의 보름달

꽃 ◆ 해결

태양과 정반대에 도달하므로, 달은 완벽한 빛의 원이 된다. 이 상은 당신이 노력해 온 일의 성공, 완성, 바랐던 결과를 나타낸다.

문 테이블에서 선택된 현재의 달이 이 카드일 때, 황도 궁위의 더 많은 해석들.
▶**쌍둥이자리의 달**– 계약에 서명하거나 모든 계획의 마침을 나타낸다. 다른 사람들로부터 찬사를 받거나 스포트라이트를 즐기느라 바쁠 때이다.
▶**천칭자리의 달**– 종종 이것은 파트너쉽이 꽃피는 것을 나타낸다. 판결은 당신에게 유리한 쪽으로 이루어지고 당신 주위의 사람들에게 전적인 지지를 받게 된다.
▶**물병자리의 달**– 놀라움을 경험하기 쉽다. 기대하지 않았던 환경의 변화가 당신에게 유리한 쪽으로 일어나게 될 것이다.

5. 이지러지는 공기의 파종달

열매 ◆ 평판

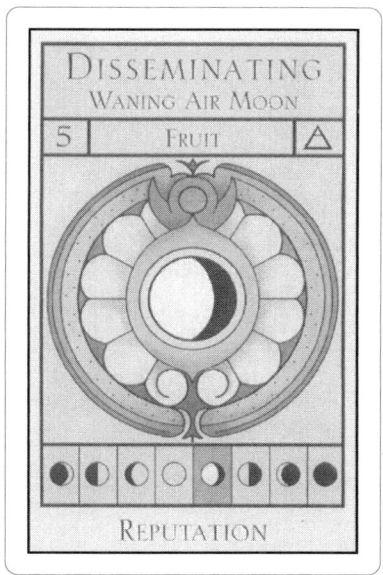

위대한 영광은 가버렸고 노동의 열매를 거둘 때이다. 당신은 자기 자신을 세상에 입증했고 이제 좋은 평판을 얻었다는 것을 알면서 쉴 수 있다.

문 테이블에서 선택된 현재의 달이 이 카드일 때, 황도 궁위의 더 많은 해석들.

▶**쌍둥이자리의 달**– 이제 당신의 생각이 성과를 거두었으므로, 당신은 자화자찬이라도 하고 싶어질 것이다. 심지어 약간 지나칠 정도로 그것에 탐닉하게 될지도 모른다. 쌍둥이자리는 명성의 상징이다.

▶**천칭자리의 달**– 다른 이들이 당신의 가치를 인정하고 당신의 지난 성공을 존경하게 될 것이다. 그들이 당신의 최신 아이디어를 좋아한다는 것을 즐기면서 쉬고 싶다고 느낀다.

▶**물병자리의 달**– 한때 조롱 받던 과거의 특별한 방법이 마침내 인정받는다. 사람들이 당신의 견해를 존중하게 되었다.

6. 이지러지는 공기의 하현달

낙엽 ◆ 도전

달빛이 줄어들어 반은 어둡고 반은 밝다. 새로운 아이디어나 개념으로 오래되고 굳은 것들을 바꾸는 도전에 직면하는 때이다. 당신은 더 이상 과거 속에 살지 않으며 새로운 것에 적응해야만 한다.

문 테이블에서 선택된 현재의 달이 이 카드일 때, 황도 궁위의 더 많은 해석들.
▶**쌍둥이자리의 달**- 학교로 다시 돌아갈 필요가 있는데, 말하자면 새로운 정보를 받아들이고 세상의 다른 사람들이 무엇을 생각하는지 알기 위해서다.
▶**천칭자리의 달**- 이 기간에 당신은 가까운 친구들과 토론하며, 다른 견해를 발견하기 위해 더 많은 시간을 보내게 될 것이다. 당신은 미래로 가는 새로운 길과 입구를 알게 되었다.
▶**물병자리의 달**- 과거의 습관을 깨뜨리고 새로운 방법과 아이디어로 그것들을 대체할 때이다. 자기 만족과 맞서는 때이기도 하다.

7. 이지러지는 공기의 잔월

씨앗 ◆ 양보

주기의 끝에 다가왔으므로 태양은 달의 왼쪽만을 가냘프게 비춘다. 이 기간 동안, 당신의 정신적 능력의 집중이 미래를 위한 씨앗을 만든다. 양보를 하는 때이며 새로운 환경에 생각을 적응시킬 때이다.

문 테이블에서 선택된 현재의 달이 이 카드일 때, 황도 궁위의 더 많은 해석들.
▶**쌍둥이자리의 달**- 곧바로 과업에 대한 행동을 하려는 당신의 바람은 좌절되며 때를 기다릴 수밖에 없다. 아무것도 지금은 거부하지 말고 더 적절한 때를 위한 준비로 아이디어를 저장하라.
▶**천칭자리의 달**- 다른 사람과 함께 있는 것이 아무리 즐거울지라도, 때로는 머리를 식히기 위한 고독이 필요하다. 지금이 그런 때이다.
▶**물병자리의 달**- 당신은 당신이 하고 싶은 것이 무엇인지 알고 있으며 기다려야만 한다는 것을 알고 있다. 뒤로 돌아앉아, 마음을 열고 다른 사람들이 말하도록 할 수밖에 없는 시기이다.

8. 공기의 블랙문

정지 ◆ 수정

이 모습 동안, 하늘에선 달을 볼 수 없다. 달이 반짝이는 얼굴은 지구상에서 사라지고, 단지 월식 때만 달이 아직 거기에 있다는 것을 알 수 있다. 전통적으로 이 때는 아무런 좋은 일이 일어 나지 않는 때이다. 당신의 생각들을 수정하고 인생이 가야 할 방향을 생각해 보는 때이다.

문 테이블에서 선택된 현재의 달이 이 카드일 때, 황도 궁위의 더 많은 해석들.
▶**쌍둥이자리의 달**- 가장 활동적이며 유능한 정신이라도 다가올 도전을 위해 쉬고, 보충하며 활기를 회복할 시간을 가져야만 한다. 잠시 멈춰라. 무엇보다도 이 때 서두름이 없는 행동만 하라.
▶**천칭자리의 달**- 결정하기에 가장 어려울 때이다. 결정하려고 시도하는 것보다는 신적인 영감이 당신의 손에서 그 일을 가져갈 때까지 기다리는 것이 더 좋다.
▶**물병자리의 달**- 다른 것, 거친 것, 심지어 기이한 것을 하고 싶은 욕망이 강하다. 그런 충동을 억제하고 잠시 규칙을 고수하며 쉬어라.

1. 차오르는 물의 초승달

새싹 ◆ 본능

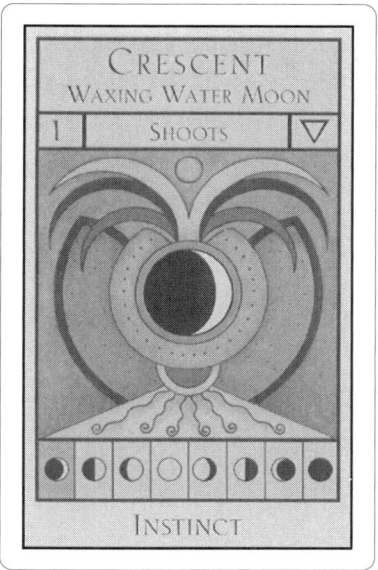

물의 가냘픈 초승달은 느낌이 생기는 감정적인 상황이나 관계의 시작을 나타낸다. 오늘 느낀 특별한 감정이 시간이 흐를수록 무엇인가 더 큰 것으로 자라나게 될 것이다. 종종 새로운 우정이 형성되는 때이다.

문 테이블에서 선택된 현재의 달이 이 카드일 때, 황도 궁위의 더 많은 해석들.
▶**게자리의 달**- 달의 자연적인 궁위로서, 게자리에서 감정은 최상으로 강력하다. 그러나 가장 보호적이기도 하므로, 새로운 감정이 타당한 것인지 과거의 경험과 비교해 봐야만 한다.
▶**전갈자리의 달**- 이 궁위의 달은 극도로 열정적이며 첫 번째 약속, 로맨스의 첫 시작에서조차 극단적인 감정으로 가기 쉽다.
▶**물고기자리의 달**- 이 궁위는 감정을 이상화하며 환상과 현실을 구분하기 어렵다. 감정이 자라나도록 어떤 것이라도 용인하는 자리.

2. 차오르는 물의 상현달

잎 ◆ 선택

 태양으로부터 90° 각도로 달이 물의 상현달로 움직일 때, 반은 어둡고 반은 밝으며 모든 것에 균형이 잡혀 있다. 감정은 두 갈래 길이 되고 선택이 이루어져야만 한다. 감정적 상황이나 파트너쉽에서, 당신은 어느 쪽으로 마음을 다해 자신을 던져야 할지 이제 결정해야만 한다. 성공적인 결과의 약속은 거기에 있다.

문 테이블에서 선택된 현재의 달이 이 카드일 때, 황도 궁위의 더 많은 해석들.
▶**게자리의 달**- 모든 것의 중요성을 재야 할 때이다. 과거의 경험에 기초한 결정이 곧 닥쳐올 것이다. 낙관적이다.
▶**전갈자리의 달**- 당신 뜻대로 일을 추진하고 싶은 강력한 욕구가 지배적이다. 바람직한 방향으로 상황을 움직이기 위해 당신의 감정을 설득하고 심지어 가차 없이 사용할 수 있다.
▶**물고기자리의 달**- 결정은 강력한 느낌에 의해 영향을 받고 평범한 것을 환타지로 바꿀 가능성은 현실이 된다.

3. 차오르는 물의 철월

꽃봉오리 ◆ 열정

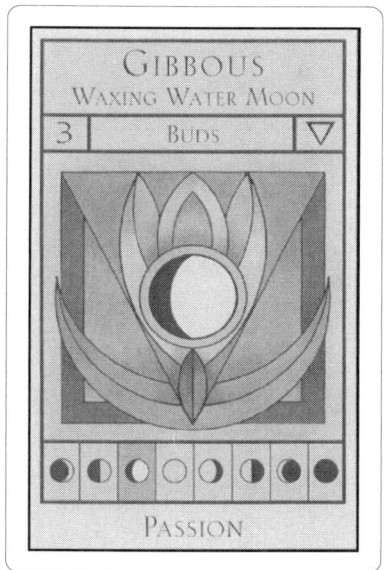

이 모습 동안 달빛은 증가하므로, 당신과 관련된 일의 결과는 분명해지고 그것을 바람직하게 완성해야 할 필요성은 강하다. 열정이 사방으로 퍼지게 된다.

문 테이블에서 선택된 현재의 달이 이 카드일 때, 황도 궁위의 더 많은 해석들.
▶**게자리의 달**- 안도감을 갖게 하는 평안한 느낌이 있다. 마음에 둔 약속을 완수하도록 이끄는 저항할 수 없는 감정의 파도를 경험한다.
▶**전갈자리의 달**- 가장 열정적인 이 궁위의 달은 모습 자체에서 생기는 감정의 힘을 몰아내는 데 무력하다. 아무것도 극단적인 감정의 본성을 멈출 수 없다.
▶**물고기자리의 달**- 상상과 현실의 간격은 보통 때보다 좁아져 보이고, 당신은 그 순간 최우선의 감정에 휩쓸려 돌이킬 수 없다.

4. 물의 보름달

꽃 ◆ 성취

감정적 문제의 성공적 결과가 보여지는 시기이다. 앞서 있었던 일들이 바라던 방향으로 긍정적인 발전을 한다. 감정적으로 걱정이 없고 만족스런 상황이 이루어진다. 성취감을 느낀다.

문 테이블에서 선택된 현재의 달이 이 카드일 때, 황도 궁위의 더 많은 해석들.
▶**게자리의 달**- 게자리는 전통적으로 모성애를 지배하는 궁위이고 이 모습은 건강한 아이를 출산하는 것과 대응된다. 당신은 안도와 자부심, 보호의 감정을 경험하게 된다.
▶**전갈자리의 달**- 이제 바라던 감정적 결과는 이루어졌고, 이 궁위의 극단적 본성은 당신으로 하여금 모든 문제에 대해 지나치게 극적이거나 비밀스러움을 갖게 한다.
▶**물고기자리의 달**- 도취감의 시기. 마음으로 그려 오던 모든 것이 현실이 된다. 사랑하는 사람을 너무 지나치게 숭배하는, 관계에서 위험이 있다.

5. 이지러지는 물의 파종달

열매 ◆ 약속

 과거에 일어 났던 일이 발전하여 정서적 소득물을 얻는 때이다. 추수의 시기, 이로움을 거두어 들일 시기이다. 관계적인 면에서, 이것은 아기의 출산이나 동료와의 성과 있는 발전을 나타낼 수 있다.

문 테이블에서 선택된 현재의 달이 이 카드일 때, 황도 궁위의 더 많은 해석들.
▶**게자리의 달**- 이 궁위 안에서, 이 모습의 달은 출산과 부모의 사랑을 상징하기 때문에, 이것은 당신이 가까운 과거에 전적으로 감정적인 결정을 했다는 것을 나타낸다.
▶**전갈자리의 달**- 이 궁위 안에서는 파종달의 모습이 강렬해지므로, 당신의 관심 있는 일이 계속해서 긍정적 발전을 이루도록 헌신하게 된다.
▶**물고기자리의 달**- 서서히 발전해 온 감정적 관계를 확실히 하기 위해, 당신의 상상력을 마음 바쳐 발휘하고 그것에서 기쁨을 누릴 수 있다.

6. 이지러지는 물의 하현달

낙엽 ◆ 처리

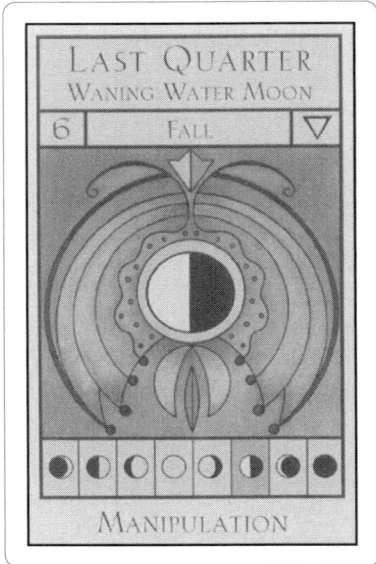

달이 태양과 직각이 되어, 당신은 감정이 혼란스런 결정적 모습에 도달한다. 편안하게 인생을 보낼 수 있도록, 감정적 상황과 관련된 진실된 느낌을 탐색해 볼 필요가 있다. 일을 통제하기 위해서는 설득력이 있어야만 한다.

문 테이블에서 선택된 현재의 달이 이 카드일 때, 황도 궁위의 더 많은 해석들.
▶ **게자리의 달**- 현재 상황에서는 모든 것이 보이는 것과 다르다는 의심이 든다. 가장 나쁜 것을 예상함으로써, 그리고 어쩔 수 없이 받아들여야만 하는 것을 예상함으로써, 자신을 보호하려고 한다.
▶ **전갈자리의 달**- 감정적 상황에 대한 극렬한 불신을 갖게 된다. 분명한 해결을 얻으려 하는 상황에서 당신은 철저한 태도를 보여준다.
▶ **물고기자리의 달**- 속고 있다는 느낌이 들거나 전적으로 중요한 존재가 아니라는 느낌이 든다. 기대와 다른 상황에서 탈출을 소망한다.

7. 이지러지는 물의 잔월

씨앗 ◆ 환멸

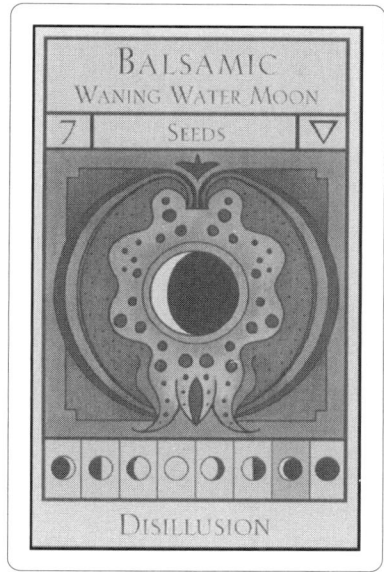

초승달을 앞두고 달빛은 줄어들어 '씨앗'의 단계에 도달한다. 감정적 상황이 끝나가고 있다는 사실에 직면해야만 하는 상이다. 비록 환멸의 시기이나 결국 좋은 일을 경험하게 될 것이다.

문 테이블에서 선택된 현재의 달이 이 카드일 때, 황도 궁위의 더 많은 해석들.
▶**게자리의 달**- 실패한 감정적 상황의 잔해로부터, 미래의 감정적 관계에서는 더욱 현명해지는데 도움이 되는 소중한 경험을 얻게 될 것이다.
▶**전갈자리의 달**- 당신의 통제에서 벗어난 상황에 강력한 감정이 내면화된다. 전갈자리의 자연스런 욕망은 복수이지만 긍정적인 표현의 형태로 이러한 감정을 다시 이끌 수 있다.
▶**물고기자리의 달**- 최후의 감정적 와해에 대한 당신의 반응은 탈출이다. 미래의 씨앗은 과도하고 불가능한 환상 속에 가려져 있다.

8. 물의 블랙문

정지 ◆ 고독

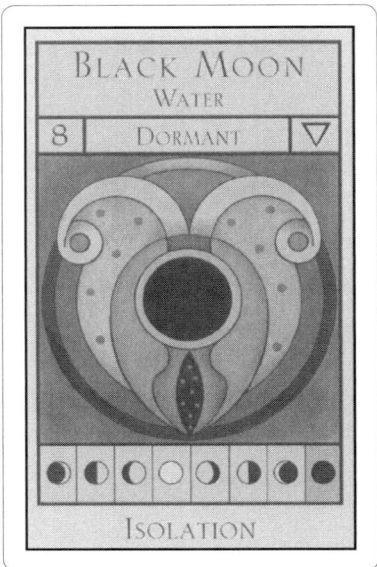

물의 원소에서 달이 그 빛을 모두 잃으면, 감정의 표현은 쑥 들어간다. 가장 상처 받기 쉬운 본성의 다른 면들을 드러낼 수 없는 멍한 기간을 경험하게 된다. 다른 이들의 바람과 근심으로부터 떨어져서, 더욱 자기 자신에 대해 알게 되는 때이다.

문 테이블에서 선택된 현재의 달이 이 카드일 때, 황도 궁위의 더 많은 해석들.
▶**게자리의 달**- 완벽한 감정의 철수. 당신은 어떤 감정적 접근에도 조심하고 의심하는 태도를 보인다.
▶**전갈자리의 달**- 단단히 고삐가 매여진 감정으로, 평범하고 조용하게 활동하는 비밀스럽고도 개인적인 시간이다.
▶**물고기자리의 달**- 마치 이상한 나라의 앨리스와 같은 시기이다. 실제적인 감정의 얽힘에 관련되기를 피하면서, 환상적인 다른 삶의 방식과 다른 가능성을 갖는다.

달의 여신

나는 모든 것의 어머니,
모든 원소의 여왕이며 지배자, 세상의 첫 자손,
신적인 힘의 으뜸, 하늘에 있는 모든 것의 여왕,
명백히 홀로 그리고 모든 신들 아래
머무르는 것들의 원리.
내 뜻대로 하늘의 별들과,
바다의 향그런 바람과,
지옥의 한탄스런 침묵은 결정될 것이다.
내 이름, 내 신성(神性)이 온 세상에,
여러 방법으로, 다양한 관습으로,
많은 이름으로 찬양 받을 것이다.

황금 조각, 루서스 에퓨레이어스, 윌리엄 에드링턴 역 1566

이슈타르 | ISHTAR

하얀 여신 ◆ 물고기자리 ◆ 물

핵심구
온순하라

이슈타르(Ishtar). 오른손에는 뱀을, 왼손에는 그녀의 신성한 동물인 사자를 들고 서 있다. 전통적으로 그녀는 사자가 끄는 수레를 타고 여행한다. 그녀 앞의 우아한 화분에는 모든 인간을 불사(不死)로 부활시키기 위해 바다 밑으로 내려간 길가메시(슈메르와 바빌로니아 신화의 영웅)가 변형된 식물이 있다. 이슈타르가 들고 있는 몸을 꼰 뱀은 길가메시가 식물로 변하는 것을 막기 위해 보내졌다. 하지만 뱀은 식물을 먹어 버리고 스스로 불멸성을 얻는다.
카드 그림에서 이슈타르의 가슴은 노출되어 있는데, 그것은 추종자들 사이에서 그녀가 '다산을 가져오는 가슴의 어머니'로 알려져 있기 때문이다. 그녀의 의상은 반은 전사이고 반은 여사제의 것인데, 이는 그녀의 두 가지 특성(전사와 연인)을 나타낸다. 목 주위에는 힘과 권위를 나타내는 목걸이가 있다.

▶카드 그림 아래, 왼쪽은 물고기자리 상징, 오른쪽은 하얀 여신을 나타내는 원반이 있다.

신화

이슈타르는 아시리아 신전에서 가장 강한 여신 중의 하나였고, 어떤 이는 그녀가 신(메소포타미아의 월신)의 딸이라 하고 다른 이는 아누의 딸이라고 말한다. 신의 딸로 여기는 사람들은 그녀를 전쟁의 여신으로 생각하며, 아누의 딸이라 여기는 사람들은 사랑의 여신으로 생각한다.
전사 이슈타르는 항상 일곱 마리의 사나운 사자가 끄는 수레를 타는 모습으로 나타나며 손에는 화살을 들고 있다. 그녀는 '전투의 여왕'으로 알려져 있다. 사랑과 관능의 여신이지만 그녀는 부드럽지 않다. 그녀의 소망이 좌절되는 모든 경우에 성급함과 폭력을 보여주기 때문이다. 젊었을 때, 이슈타르는 추수의 신인 타무즈를 사랑했다. 그녀의 사랑이 그를 죽게 했다고 말해진다. 슬픔에 지쳐, 이슈타르는 타무즈를 구하겠다는 희망으로 지하 세계로 내려갔다. 일곱 경계의 문에서, 그녀는 그때마다 옷을 하나씩 벗었다. 지하 세계에 도착하자마자 이슈타르는 갇힌 몸이 되었다. 그녀가 갇혀 있는 동안 세상의 어떤 생물도 출산을 하지 않았으며, 세상은 폐허가 되어 하늘마저 큰 슬픔에 빠졌다.
이슈타르의 아버지인 신은 에아에게 딸을 구하도록 도와달라고 부탁했고, 지하 세계의 여왕인 레슈키갈은 에아의 주문에 의해 이슈타르를 풀어 줄 수밖에 없었다. 그녀에게 생명의 물이 뿌려지고, 일곱 문에서 옷을 되찾았으며, 이슈타르는 자유의 몸으로 돌아왔다.

카드의 의미

이 하얀 여신은 목표를 이루기 위해 당신이 굳건해야만 하고 강력하고도 긍정적인 행동을 취해야만 한다는 것을 뜻한다. 이 카드를 뽑았다면, 당신은 무엇인가 되찾고 싶은 것을 위해 싸울 필요가 있을 것이다. 상징적으로, 최소한의 없어서는 안될 것마저 버려야 할지 모른다. 이 특별한 전투에서 싸우기 위해 다른 모든 것을 포기하라. 그 후에도 결국 누군가에게 도움을 요청할 필요가 있게 될지도 모른다.
물 안의 물고기자리로서, 장애물을 흘려 버리거나 사라지게 하는 것은 물의 능력이고 그것이 이 카드의 핵심 의미이다. 이 카드를 뽑으면, 당신의 문제와 관련하여 3월이 의미 있는 달이 될 것이다.

아르테미스 | ARTEMIS

하얀 여신 ◆ 양자리 ◆ 불

핵심구

가능하면 냉정하라!

초기 에트루리아의 이미지로서, 여기 사냥꾼 아르테미스(Artemis)의 모습은 비행을 준비하는 날개를 펼치고 경계 태세로 서 있다. 태양신 아폴로의 여자 형제로서, 아르테미스는 빛의 영역을 공유하지만 그녀의 빛은 달의 반사된 빛이다. 투명한 연파랑 빛 의상은 차가운 달빛을 나타낸다. 양옆의 동물들은 그녀의 상반된 면들을 나타낸다. 오른손에는 암사자를 움켜쥐고 있는데, 그것은 잔인하고 복수심에 차 있으며, 쾌락을 즐기고 경쟁적인 사냥꾼으로서의 본성을 나타낸다. 왼손에는 사슴을 쥐고 있는데, 그것은 빠르고 믿을 만한 다리를 갖고 있지만 결국에는 항상 희생이 되는 그녀의 본성의 일부를 상징한다. 그녀는 궁수의 손목 보호대를 하고 있고, 허리 둘레에는 처녀의 허리띠 매듭을 하고 있다.

▶카드 아래 그림 왼쪽은 불의 양자리 상징이고, 오른쪽은 하얀 여신의 원반이다.

신화

전통적으로 어린 소녀들의 보호자, 처녀 사냥꾼, 모든 야생 동물들의 여왕인 아르테미스는 많은 그녀의 여자 형제들처럼 잔인하고 복수심에 찬 성질에서 부드럽고 은혜가 넘쳐흐르는 성질로 변했다. 그녀는 쌍둥이 형제 아폴로가 태어난 다음 날 태어났으며, 갑작스런 죽음의 신이었다. 그녀는 아르카디아를 자기가 살 장소로 골랐고, 이 산악 지역에는 사냥개 떼, 수많은 오케아니스와 요정들이 함께 했다. 그녀를 보는 것은 위험했고, 악타이온은 그녀와 그녀의 하녀들이 목욕하는 것을 훔쳐보다가 그 자신의 사냥개에 의해 죽었다. 아르테미스의 관심을 끈 유일한 남자는 오리온이었다. 그러나 그 관계는 열매를 맺을 운명이 아니었다. 아폴로가 그의 여자 형제에게 활쏘기 도전장을 냈다. 아르테미스의 정확한 눈이 결코 놓칠 수 없는 먼 바다에 떠 있는 작은 목표물은 수영하던 오리온으로 밝혀졌다. 아르테미스는 그의 머리를 관통시켰다. 우연성이 좀 덜한 오리온의 죽음에 대한 또 다른 이야기는 그가 그녀의 사냥 여행에 동반하던 중 부주의로 그녀를 건드렸다는 것이다. 이 모욕에 대한 대가로, 그녀는 그가 전갈에 물려죽도록 명령을 내렸다. 열정적이며 때로는 거친 사냥과 추격에 전념하던 것과 대조적으로, 아르테미스는 부드러운 여흥의 사치를 즐겼다. 아폴로처럼 음악적이던 그녀는 형제의 궁전인 델포이에 활을 놓은 채, 우아한 스타일로 치장하고 종종 뮤즈와 합창을 함께 했다.

카드의 의미

이 여신은 당신 자신의 성급함과 영리함이 당신이 원하는 바로 그것을 파괴할 수 있음을 경고한다. 경쟁의 유혹이 느껴진다 할지라도, 성급한 행동과 구원자를 괴롭히는 행동에 관련되어서는 안 된다. 그 대신, 이 카드는 좀더 냉정하고 현명한 접근을 촉구한다. 하얀 신으로서 아르테미스는 문제에 대한 창조적인 해결을 요구한다.

불의 양자리는 본성적으로 다혈질이며 성급하다. 비틀거림이 없도록 조심해야만 한다. 이 카드를 뽑으면, 당신의 문제에 관한 한 4월이 의미 있는 달이다.

비너스 | VENUS

하얀 여신 ◆ 황소자리 ◆ 흙

핵심구
당신이 꿈꾸는 작은 것이 당신을 이롭게 한다

이 여신은 장엄한 백조가 떠받히는 왕좌에 앉아 있다. 전통적으로 비너스(Venus)는 여섯 마리 백조가 끄는 수레를 타고 하늘을 여행했다. 그녀의 머리카락은 그녀가 태어났다고 말해지는 바다의 거품처럼 앞으로 흘러 내린다. 그녀의 옷은 요정들이 배움을 완성했던 장소인 바다의 산호 색깔이다.

왼손에는 식물학적, 그리고 동물학적 의미에서 여성을 나타내게 된 보편적 상징인 비너스의 거울을 높이 들고 있다. 이 상징은 또한 아침과 저녁의 별인 금성의 천문학적인 표식이기도 하다. 오른손에는 로터스 열매가 얹어진 막대를 잡고 있다. 개화한 꽃은 붉은 색이며 그 색은 그녀의 연인 화성(Mars)에게 바치는 것이다.

▶카드 아래 그림 왼쪽은 흙의 황소자리 상징이며, 오른쪽은 하얀 여신의 원반이다.

신화

비너스는 사랑, 아름다움, 결혼, 그리고 웃음의 로마 여신이다. 일반적으로 주피터와 디오네의 딸이라고 여겨지는 그녀는 서풍에 의해 키프로스 해변까지 떠내려 온 바다 거품에서 태어났다고도 말해진다. 이런 믿음에 따르면, 그녀를 발견한 호레가 신에게 그녀를 보이기 위해 데려오자 신들은 그녀의 아름다움에 놀라게 된다. 그녀는 많은 이름을 갖고 있다. 비너스 제네트릭스라는 이름으로는 로마인을 있게 한 영웅 아에네아스의 어머니로서 존경 받는다. 비너스 펠릭스라는 이름으로는 행운을 가져다주는 여신으로 알려져 있고, 비너스 빅트릭스로는 승리를 가져다주는 여신이다. 그녀는 화산 불과 대장장이 신인 못생긴 불카누스의 아내였다, 그러나 그에게 특별히 충직하지는 못했다. 그녀는 많은 연인이 있었는데, 특히 화성과 수성, 잘 생긴 양치기 아도니스 등이 있었고, 사랑의 이름 아래 비밀스런 밀회에 탐닉했다.

다혈질인 화성과의 로맨스는 화성을 지키는 알렉트론의 보호 아래 극점에 달했는데, 그는 단 한 번도 그의 의무를 져버린 적이 없었다. 그런데 아폴론이 두 연인 사이를 알게 되었다. 그들의 밀회는 그들을 조롱하며 인정하지 않는 모든 다른 신들에게 드러나게 되었다. 화성과 금성의 비밀스런 정사의 결과 많은 자손들이 생겼고, 특히 아들인 큐피드와 딸인 하르모니아가 있다.

카드의 의미

이 여신은 순수하고 이상적인 것부터 탐욕스런 욕망까지 모든 형태의 사랑을 나타낸다. 쾌락적인 사랑과 인생의 좋은 것들, 개인적 매력의 노골적인 이용, 그리고 그것들을 얻기 위한 유혹을 의미한다. 그녀는 탐닉을 위해서는 적절한 대가를 지불해야만 한다는 것을 경고한다. 그러나 만약 그것에 대한 준비가 되어 있다면 그렇게 하라.

일반적으로 비너스는 문제에 관한 좋은 결실을 거두는 것을 나타내는 이로운 여신이다. 하얀 여신으로서 그녀는 상황에 대해서 강력하며 젊고 창조적인 접근을 가져다준다.

흙의 황소자리의 본성은, 천천히 그리고 친숙한 방법으로 행동하는 경향이 있으며 무엇보다도 관능적이고 위안을 주는 사랑이다. 이 여신의 카드를 뽑으면 문제에 대해 5월이 의미있는 달이 될 것이다.

아테네 | ATHENE

하얀 여신 ◆ 쌍둥이자리 ◆ 공기

핵심구

불 속의 너무 많은 철

투구를 쓰고, 야생 동물의 가죽을 어깨에 두른 호리호리하고 강건한 모습의 아테네(Athene)는 창과 전사의 방패를 들고 있다. 허리 주위에는 그녀의 아버지 제우스가 준 방패가 있다. 전쟁의 여신의 자세는 공격적이라기보다는 방어적이다. 앞 쪽으로 나온 발은 철갑으로 보호되어 있고, 등에는 가득 찬 화살통이 있다. 손목 주위에는 뱀이 감겨져 있다. 그녀를 보호하기 위해 치켜든 방패에는 네 개의 날개가 달린 말의 모습이 있다. 아테네는 말과 암소의 여신으로 숭배받았다.

▶카드 아래 왼쪽 그림은 공기의 쌍둥이자리 상징이고, 오른쪽은 하얀 신의 원반이 있다.

신화

아테네는 그리스 신전에서 가장 숭배받는 여신 중의 하나이다. 로마 신화에서는 팰리스 아테네 또는 미네르바(Minerva)로 알려져 있다. 아테네는 쑥쑥 자랐고 그녀의 아버지 제우스의 이마로 무장했다. 그리고 그의 가장 사랑하는 딸이었다. 그는 그녀에게 그의 방패와 중요한 무기인 벼락을 주었다. 처녀 여신인 그녀에게는 또한 파테노스(처녀)라는 이름이 있다.

전사 여신으로서, 그녀는 전투에서 기쁨을 주고 거인들과의 전쟁에 참가했다. 그녀는 트로이 전쟁에서 그리스를 지원했을 뿐만 아니라, 실제로 디오메데스의 수레에 오른 무시무시한 모습으로 싸움에 참가했다. 또한 그녀의 존경을 받을 가치가 있다고 생각하는 영웅을 보호했다. 그녀는 헤라클레스를 도와주었으며, 무서운 고르곤과의 싸움에서 페르세우스를 도와주었고, 트로이에서 돌아가는 오디세우스를 보호했다. 그녀를 위해 헌신된 가장 중요한 신전은 아테네에 있는 파르테논이고, 그것은 아테네인들에게 올리브 나무를 선물한 그녀를 경배하여 지어졌다고 말해진다. 아테네는 사람뿐만 아니라 도시도 보호했다. 그녀는 건축, 산업, 예술, 그리고 후기 신화에서는 지혜의 여신이었다. 그녀의 상징은 올빼미였다.

아테네는 또한 농업의 여신이었고 여자들의 기술, 특히 실잣기와 베 짜기의 신이었다. 신들의 삶과 사랑을 그린 아름다운 벽걸이 융단을 짰던 아라크네가 아테네에게 베 짜기에 도전했다. 이에 화가 난 아테네는 그녀를 영원토록 실만 짜는 운명의 거미로 변하게 했다.

인류에게 베푼 그녀의 많은 선물에는 쟁기, 플룻, 도공의 회전대, 야생 동물 길들이는 기술, 선박 건조, 신발 등이 있다.

카드의 의미

이 여신은 질문자가 타고난 풍부한 재능을 소유하고 있다는 것을 나타낸다. 이것은 자신의 진보나 다른 이들의 이익을 위해 사용될 수 있다. 아테네는 전적으로 자신만의 이익을 돌보는 것이 당신이 원하는 결과를 얻는 방법이 아닐 수 있다는 것을 나타낸다. 그것은 당신의 능력을 다른 사람을 위한 봉사에 쓴다면 더 긍정적인 방식으로 당신이 바라던 바를 얻을지도 모른다는 것이다. 이 마지막 젊은 하얀 여신은 각각의 문제를 창조적 사고를 위한 기회로 본다.

공기의 쌍둥이자리의 본성은 융통성과 넓은 마음이다. 현재 상황에서 태도가 너무 산만해질 위험이 있다. 이 여신의 카드를 뽑으면 문제에 대해 6월이 의미 있는 달이 될 것이다.

헤라 | HERA

붉은 여신 ◆ 게자리 ◆ 물

핵심구

배를 흔들 필요는 없다

하늘의 황금 왕좌에, 하늘의 여신이며 올림피아의 가장 강력한 신, 제우스의 아내인 헤라(Hera)가 숭고한 위엄으로 앉아 있다. 머리에는 그녀의 신성한 새, 공작이 얹어진 왕관이 있다. 왼손에는 석류를 들고 있다. 석류안에 가득 찬 씨앗은 생명과 모성애의 상징이다. 오른손에는 초승달이 태양을 잔에 담은 권위의 막대를 들고 있다. 뻐꾸기가 막대의 머리 위에 내려 앉아 있다. 그것은 처음

헤라에게 나타났을 때 변장했던 제우스이다.

▶카드 아래 왼쪽 그림은 물의 게자리의 상징이고, 오른쪽은 빨간 신의 원반이다.

신화

자유분방한 제우스를 다스리는 것은 신들의 거실로, 도자기가 일년 내내 날아가고 하늘에서는 천둥이 치는 계속되는 가정 불화였다. 보통은 온화하고 우아한 부인으로 나타나지만, 그녀의 왕관은 존경받는 신전의 여왕을 명백히 보여주는 것이다. 그녀를 경배하는 사원은 그녀의 드높은 모습에 가능한 가까이 가기 위해 종종 매우 높은 산에는 지어지지 않았다.

제우스는 처음에 뻐꾸기로 변장하고 헤라에게 나타났다. 때는 겨울이었고 그녀는 물에 젖어 떨고 있는 그 뻐꾸기를 측은히 여겼다. 조심스럽게 새를 잡아서, 따뜻하게 해 주기 위해 가슴에 넣었다. 즉시, 뻐꾸기는 보통의 모습으로 돌아왔고 그녀는 지나치게 호색적인 제우스로부터 명예를 지키기 위해 분투했다. 그가 결혼을 약속하고서야 그들은 신방에 들었다.

여성, 결혼, 그리고 성숙의 여신으로서, 헤라는 가장 이상적인 아내의 유형을 제시한다. 그녀와 제우스 사이에 네 명의 아이들이 있었고(아레스, 헤파이스토스, 히디아, 헤베), 행실 나쁜 남편의 부정에도 불구하고 일관되며 충실한 아내였다.

질투로 고통에 차서, 그녀는 제우스를 통제해 보려고 했으나 실패했다. 그녀가 반발하자, 제우스는 그녀를 때리고 묶어서 하늘에 매달았다. 그녀는 아테네처럼 도움 없이 아이를 낳아 제우스와 필적하려 했지만 괴물 티폰을 낳았다. 마침내 그녀는 굴복했고, 제우스의 많은 여자들과의 관계, 그리고 그 여자들이 낳은 아이들에 대해 분노해야만 했다. 그들의 대가는 보통 죽음이나 고통, 감옥행, 또는 추방이었다. 그러나 그런 행동은 제우스의 계속되는 여성 편력을 그만두게 하지는 못했다.

카드의 의미

이 여신은 성숙과 위엄을 상징한다. 다른 이들의 존경을 받으면서, 그녀는 지속적인 힘과 지위를 갖고 있다. 그녀는 비록 당신이 무엇인가를 인정하지 못한다고 할지라도 언젠가는 반드시 최상의 해결이 될 수 있도록 놔둬야 한다는 것을 나타낸다. 첫 번째 붉은 여신으로서, 헤라는 인생을 좀 더 성숙하게 견뎌내며, 그리고 지켜가는 접근 방법을 의미한다.

물의 게자리의 본성은 아무리 제 마음대로라 해도 '가족'으로 묶인 것을 돌보고 보살핀다는 것이다. 이것은 모든 상징 중에서 가장 모성적이다. 이 카드를 뽑으면, 문제에 대해 7월이 의미 있는 달이 될 것이다.

이시스 | ISIS

붉은 여신 ◆ 사자자리 ◆ 불

핵심구

정직과 고결은 보답받을 가치가 있다

모든 이집트 신 중에서 가장 위대하며 오시리스의 여자 형제이며 아내이자 호루스의 어머니인 이시스(Isis)가 평온한 모습으로 왕좌에 앉아 있다. 그녀는 신성한 암소 하토르의 뿔을 사이에 두고 꼭대기에 태양의 상징이 있는 독수리날개 머리장식을 하고 있다. 왼손에는 영원한 삶의 상징인 앙크 십자가를 들고 있다. 오른손에는 만개한 연꽃이 있다. 벌거벗은 가슴은 모성의 이미지이다. 왕좌의 체크 무늬는 낮과 밤, 빛과 어둠, 생명과 죽음을 지배하는 최상의 힘을 상징한다. 뒷부분의 벽은 이시스 여신의 자리를 뜻하는 상형 문자이다.

▶카드 아래 왼쪽 그림은 불의 사자자리 상징이고, 오른쪽은 붉은 여신의 달 원반이다.

신화

이시스는 대지와 하늘의 신인 게브와 누트의 딸이었다. 그녀의 남자 형제이며 남편인 오시리스가 이집트의 왕이 되었을 때, 그녀는 교사의 역할을 했다. 실잣기와 베 짜기, 맷돌 갈기와 밀가루 만들기, 그리고 간단한 약의 제조를 가르쳤다. 또한 남자와 여자의 관계를 일반화하는 결혼 개념을 도입했다. 다른 나라들을 문명화시키기 위해 남편이 먼 여행을 하는 동안 현명하고 사려 깊게 섭정의 역할도 했다.

오시리스가 교활한 그의 형제 세트에 의해 살해되었을 때, 그녀는 슬픔에 빠져서 즉시 남편의 시체를 찾으러 출발했다. 결국 테머리스크 나무 밑동 안에 있는 관을 찾아서 그것을 부토의 늪에 숨겼다. 그러나 세트는 시체를 찾아 14조각으로 잘랐다. 이시스는 토트에 의해 큰 힘을 갖는 주문을 받았으므로, 조각난 남편의 시체를 발견했을 때 생명을 회복시킬 수 있었고 그와 관계를 맺었다. 이 포옹의 결과로 임신해서 나중에 호루스를 낳았다. 그녀는 마력으로 모든 위험을 피하면서 아들을 숨긴 채 도망갔다. 그녀의 아들이 이집트의 지배자로서 올바른 자리를 차지할 만큼 컸을 때까지 숨어 살았다.

이시스는 대단한 마술적 힘을 가지고 있었고 태양신의 비밀스런 이름을 발견한 유일한 신이었다. 세계 여신과는 드물게, 이시스는 긍정적이며, 온화하고 활동적이며, 사랑이 깊고 성실하며, 문명화되고 섬세한 여신이었다.

카드의 의미

여신 이시스는 전통적인 남자와 여자의 역할을 똑같이 잘 할 수 있었다. 그녀가 소중히 여기는 모든 것을 자랑스러워하고 보호했으며, 그것의 평안함을 위해서 땅 끝까지도 갔다. 그녀는 충직함과 힘, 온화함과 감수성의 본보기였다.

이 여신의 카드를 선택하면, 만족스런 결과를 가져오기 위하여 조용하고 눈에 띄지 않는 정직한 결정이 필요할 것이다. 이시스는 붉은 여신이고 지배자의 위엄과 권위를 상징한다. 그녀는 당신에게 책임감을 갖고, 질문하고 있는 문제의 해결을 위한 길을 찾도록 촉구한다.

불의 사자자리의 본성은 명령을 따르고 정의로 법을 실행하는 것이다. 이시스 여신의 카드를 뽑으면, 문제에 대해 8월이 의미 있는 달이 될 것이다.

데메테르 | DEMETER

붉은 여신 ◆ 처녀자리 ◆ 흙

핵심구

손 안의 새 한 마리…

여신 데메테르(Demeter)의 자애로운 모습은 팔을 하늘 향해 올린 채, 기원하는 자세로 서 있다. 그녀의 붉은 색과 녹색의 망토는 불과 대지의 색을 모방한 것이다. 옥수수를 감은 그녀의 머리는 관능적인 그녀의 몸 아래로 굽이치고 있다. 허리 주위에는 역시 불과 대지의 색으로 결합된 모성의 허리띠가 있다. 그 아래 대지에서는 옥수수와 양귀비가 자란다. 두 식물은 전통적으로 그녀와 관련되어 있다. 아래의 파도와 물방울은 종마로 변장한 바다의 신 포세이돈에 의해 황홀함을 경험한 후, 라돈 강에서 몸을 씻는 그녀를 나타낸 것이다.

▶카드 아래 그림은 흙의 처녀자리의 상징이고, 오른쪽은 붉은 여신의 달 원반이다.

신화

데메테르는 영원한 어머니를 상징하는 고대의 대중적인 여신 중 하나였다. 그녀의 사랑하는 딸 페르세포네는 저승의 신 하데스에 의해 유괴되었다. 데메테르는 미친 듯이 딸을 찾아 출발했다. 그러다가 대단히 호색적인 포세이돈을 만났다. 그가 다가오는 것을 받아들이지 않고, 데메테르는 암말로 몸을 바꾸고 온커스 왕의 방목된 말떼에 숨었다. 목적을 이루지 못한 포세이돈은 종마로 모습을 바꾸고 말떼를 쫓아가 그의 열정적인 의도를 성취하는 데 성공했다. 무슨 일이 일어났는지 깨달았을 때, 그녀는 당연히 격노했고 라돈 강에서 몸을 씻으며 격렬한 분노를 식혔다. 데메테르는 그 후, 검은 갈기가 있는 종마와 미스테리스 이외에는 누구에게도 이름이 알려지지 않은 기묘한 딸을 낳았다. 그녀는 '소녀'라는 뜻의 코어라고 불려진다. 데메테르가 큰 슬픔 속에 딸 페르세포네를 찾는 동안, 대지는 기근의 고통을 겪었다. 농작물은 자라지 않았으며 모든 식물들은 죽었다. 재난을 막기 위하여, 제우스는 페르세포네를 구하려고 헤르메스를 보냈다. 그러나 교활한 하데스는 결혼의 끈이 영원히 맺어지도록 그녀가 지하세계를 떠나기 전에 석류 씨앗을 먹였다. 제우스는 다시 협상했고 결국 데메테르의 딸은 1년의 3분의 1만 하데스와 살게 되었다. 데메테르는 그녀를 도와준 이들에게 감사의 뜻으로 옥수수를 선물로 주었다.

카드의 의미

이 여신은 당신에게 소중하거나 중요한 어떤 것의 상실을 상징한다. 비록 궁극적으로 잃어버린 것을 찾게 된다 할지라도, 잠정적으로 상실을 겪게 되고 당신이 기대한 것과는 다를 것이다. 문제에 관해, 어떤 책략이 있어도 당신은 타협해야만 할지 모른다. 누군가 당신의 취약점을 이용할 것이다.

세 번째 붉은 여신 데메테르는 완벽을 향한 체계적인 접근과 목표의 적용을 통해 성숙과 수호를 상징한다. 흙의 처녀자리의 본성은 관련된 상황이 제 자리를 찾도록 모든 사람들의 필요 충족을 확실히 하는 것이다.

데메테르의 카드를 뽑으면, 문제에 관해 9월이 의미 있는 달이 될 것이다.

가이아 | GAIA

붉은 여신 ◆ 천칭자리 ◆ 공기

핵심구

아킬레우스의 건을 찾아라

모든 생명의 근원이며 지지자인 대지의 여신 가이아(Gaia)가 여성적이며 굳건한 태도로 서 있다. 모든 신 중에서 가장 오래된 만인의 어머니로서, 그녀는 오른손에 연꽃 막대를 들고 있다. 연꽃이 피고 지는 것은 영원한 갱생의 본질을 갖는 생명을 상징한다. 막대에는 초승달이 얹어져 있고, 그 위에 델포이 신탁으로 인류의 운명을 예견하는 가이아의 위대한 재능을 상징하는 수정구가 받침

대 없이 떠 있다. 땅에서는 어린 식물이 굽이치며 그녀의 머리카락을 감고 있다.

▶카드 아래 왼쪽 그림은 공기의 천칭자리의 상징이고, 오른쪽은 붉은 여신의 달 원반이다.

신화

대지의 어머니 가이아는 시간이 시작되기 전부터 존재했고, 시간을 탄생시켰다. 우주가 만들어진 이후, 남겨진 중요한 것은 그것을 채우는 것이었다. 그래서 가이아는 그녀의 아들 우라누스와 결혼하여 첫 번째 신들을 만들었다. 12명의 티탄, 6명의 여신과 6명의 남신들. 다음으로 그들은 외눈박이 퀴클롭스, 그리고 마지막으로 세 명의 괴물을 낳았는데 그들은 헤카톤케이르라고 알려져 있다. 50개의 머리가 있고 어깨에는 50쌍의 팔이 뻗어 있는 무서운 괴물이었다. 공포에 질린 우라노스는 그들이 태어나자마자 땅 속 깊이 가두었다.

처음에 가이아는 헤카톤케이르를 잃은 것을 슬퍼하며 남편에게 화를 냈다. 마지막으로 태어난 티탄인 크로노스와 그녀는 우라노스가 자고 있는 동안 그를 불구로 만들 음모를 꾸몄다. 크로노스는 아버지의 생식기를 낫으로 잘라 바다에 버렸다. 우라노스의 상처에서 검은 피가 땅으로 떨어졌다. 핏방울이 떨어진 곳에서 복수의 세 여신과 괴물 거인족, 물푸레나무 요정 메리에가 태어났다. 바다 표면의 하얀 거품 파편에서는 아프로디테가 태어났다.

다른 신들이 올림포스에서 상위 권위를 갖게 되었을 때도, 가이아는 그녀의 힘을 그대로 유지한 채 다른 신들에게 존경받았다. 그녀는 결혼, 병든 자의 치료를 통솔했고 델포이의 위대한 신으로 가장 탁월한 예언자였다. 델포이에서, 인간에게 예언의 능력을 주는 기묘한 음성이나 바람이 생겨났다. 그녀는 사람들에게 아름다운 아이들과 대지의 모든 열매를 주는 만인의 어머니 가이아로 알려져 있다.

카드의 의미

가이아 여신을 뽑는 것은 당신에게 소중한 것을 지키기 위해 극한까지 간다는 것을 나타낸다. 그녀는 당신이 만들어낸 어떤 것이 다른 사람에게 받아들여지지 않는다는 것, 그것을 지키기 위해 과감한 단계를 밟아야만 한다는 것을 보여준다. 결국, 당신의 극단적인 반응으로부터 무언가 좋은 것이 생길 것이다. 가이아는 마지막 붉은 여신이고 지지자로서 그녀의 역할은 단호한 행동을 취하기 전에 상황의 양쪽 면을 모두 살필 것을 보여준다.

공기의 천칭자리의 본성은 궁극적인 결정이 올바른 것이었다는 것을 확실히 하기 위해 상황의 찬부 양론을 다 재어 보는 것이다.

가이아 카드를 뽑으면, 문제에 관해 10월이 의미 있는 달이 될 것이다.

릴리스 | LILITH

검은 여신 ◆ 전갈자리 ◆ 물

핵심구

조절하라

수메르 왕실의 권위를 뜻하는 고리와 막대를 든 손을 올린 채, 전통적인 날개를 단 릴리스(Lilith)가 서 있다. 그녀는 새와 여자의 혼혈이며, 감각적인 그녀의 누드는 강한 금수의 발톱과 대조를 이룬다. 지혜의 새(그녀의 딸인 올빼미)가 그녀를 지켜준다. 생명과 죽음, 그리고 변형의 전통적 상징인 뱀이 그녀의 발에서 몸부림친다. 뱀은 에덴 동산에서 요부의 역할이던 그녀 자신이다. 그녀는 블랙문으로 그려지고 그것을 나타낸다. 머리카락에서 열매 맺은 생명의 나무가 자라고 인간의 몰락이 자란다. 그녀 옆의 검은 희생과 시련을 상징한다. 손잡이의 불타는 구는 정화와 정신적 발달을 나타낸다.

▶카드 아래 왼쪽 그림은 물의 전갈자리의 상징이고, 오른쪽은 검은 여신의 달 원반이다.

신화

릴리스의 성격은 모순으로 가득차 있고, 많은 전설과 전통이 혼재하고 있다. 유대 경전에 따르면, 릴리스는 아담과 함께 창조되었다. 자기에게 복종하라는 아담의 요구를 따르지 않고, 그녀는 거룩한 신의 이름을 이용하여 그에게서 도망쳤다. 아담은 신께 그의 외로움을 불평했고, 신은 그에 대한 응답으로 이브를 창조했으며, 그 후 에덴에서의 타락과 추방이 뒤를 이었다.

아담은 이브에게 타락의 탓을 돌리며, 이브에게서 멀어졌다. 그리고 마침내 이브에게 돌아갈 때까지 잠시 릴리스와 관계했다. 그 사이 릴리스는 아담의 많은 아이들을 낳았고 그들은 악마가 되었다. 아담이 이브와 화해한 후, 릴리스는 악마의 여왕 같은 태도를 취했다; 어떤 설(說)에서 그녀는 사마엘의 배우자로, 다른 설에서는 배우자가 없는 것으로 되어 있다. 악마의 여왕으로서 그녀는 태어난 첫 날 요람에서 아기들을 죽였다고 말해진다.

어두운 중세의 신비주의와 악마주의를 벗고, 릴리스는 최초의 독립적인 여성 영혼으로 나온다. 평등을 요구하는 반역적인 여성의 이미지는 초기 남성 지배 사회에서는 너무 불편한 것이었다. 그러므로 그들은 그녀를 '나쁜 여자'의 원형으로서 악마의 심연으로 밀어 넣으려 했다. 이제 릴리스의 모습은 남성과 동등하며 자유롭고, 독립적이며, 창조적인 영혼으로서 새롭게 빛날 수 있었다.

카드의 의미

검은 여신 릴리스를 뽑으면, 모든 뜻밖의 것들과 맞서 용기 있게 살아남기 위해 확고한 조치를 취해야만 한다. 사건과 사람들이 당신에 대해 나쁜 이미지를 만들지 모르나, 무시해야만 한다. 바람직한 결과를 이루기 위해 최대로 정열적인 행동을 준비할 필요가 있을 것이다. 더 이상 물러설 수 없다. 변화는 필연적이고, 이롭지 못한 것은 거부해야만 한다. 모든 것은 그 가치를 결정하기 위하여 재평가되어야만 한다.

릴리스는 첫 번째 검은 여신이며, 그녀의 죽음과 재탄생 역할은 새로운 탄생을 이루기 위한 공간을 위해 인생의 축적된 쓰레기들을 청소할 것을 촉구한다. 정열적인 전갈자리에서 정화수로서 물의 본성은 당신의 능력을 쓸 가치 있는 것에 도전하는 것이다.

릴리스 여신 카드를 뽑으면, 문제에 관해 11월이 상서로운 달이 될 것이다.

칼리 | KALI

검은 여신 ◆ 궁수자리 ◆ 불

핵심구

투쟁한다면 대가를 지불해야만 할 것이다

힌두 여신의 검은 어머니이며, 위대한 신 시바의 도깨비 아내인 칼리(Kali)는 한쪽 발로 균형을 맞추며 서 있다. 그녀의 얼굴은 무섭고, 짙은 눈썹 사이에서 피 한 방울을 볼 수 있다. 그녀는 대지를 흔드는 황홀한 승리의 춤을 춘다. 각각의 어깨에 두 개씩, 네 개의 팔이 있다. 한 손에는 악마 라크타비아의 피를 마셨음을 의미하는 잔을 들고 있다. 다른 손에는 칼을 들고 있고, 나머지 두

손에는 희생된 두 거인의 잘려진 머리가 있다. 그녀의 머리는 많은 머리들과 뱀으로 장식되어 있다. 그녀는 공포의 캐릭터이고, 파란 피부는 그녀 뒤의 핏빛 붉은 하늘과 대조를 이룬다.

▶카드 아래 왼쪽 그림은 불의 궁수자리의 상징이고, 오른쪽은 검은 여신의 달 원반이다.

신화

칼리는 시바의 많은 아내 중 한 사람이다. 이 여신은 그녀의 일(신에게 도전하는 악마의 파괴)을 하는데 있어서 많은 변장을 한다고 추측된다. 파르바티라는 이름으로는 그녀의 남편에게 사랑과 고상한 형이상학적 주제를 말하는 아름다운 젊은 여인으로 인식된다. 무서운 칼리로서의 그녀는 악마 무리의 우두머리 라크타비야와 싸웠다. 그녀는 강력한 무기로 여러 번 그를 쳤지만 땅에 떨어진 핏방울은 매번 천명의 강력한 거인을 낳게 했다. 거인이 만들어지는 것을 막기 위해, 칼리는 악마 우두머리가 완전히 패배할 때까지 라크타비야의 모든 피를 마실 수밖에 없었다.

적을 정복한 후 그녀는 너무 고무되어 열정적으로 기쁨의 춤을 추었고 그러자 대지 전체가 흔들렸다. 다른 신들이 그녀의 남편에게 그녀를 멈추게 하도록 간청했으나, 그녀는 피의 흥분으로 미쳐서 시바를 밟아 죽게 했다. 광기의 결과를 알았을 때 그녀는 미쳐 버렸다.

무서운 외모에도 불구하고 그녀는 추종자들에게 숭배를 받고 심지어 매력적이다. 그녀는 창조적이고 파괴적인 에너지 모두를 상징한다. 칼리 신앙은 우리의 성적 본성의 조절을 구하는 탄트라 의식과 연관되어 있다.

카드의 의미

칼리 여신을 뽑는 것은, 성공하고 싶다면 어떤 반대를 겪든 무자비한 정책을 펴야만 한다는 것을 나타낸다. 거리낌 없는 행동이 요구되며 당신의 계획을 행하는 데 있어 인정을 두지 않을 필요가 있다. 그러나 적의 패배에 그저 득의양양한다면, 당신에게 가치 있는 어떤 것을 잃게 된다는 것을 깨닫는 것이 중요하다. 모든 검은 여신들처럼, 상처 없이 해결책을 찾을 수는 없을 것이다. 종종 카드에서 칼리의 모습이 보이면, 한 시간마다 하는 질문에서, 좋지 않은 달의 위치에 대한 오래된 점성술적 대답- 좋은 일은 생기지 않을 것이다- 이 적용될 것이다. 칼리는 가장 과격한 검은 여신이고 그녀의 죽음과 재탄생의 역할은 생존에 위협적인 모든 것들을 파괴하려 한다.

무디고 대담한 불의 궁수자리의 본성은, 그것이 어떻게 찾아지든지 그리고 어디에 있든지 간에 궁극적인 진실을 추구한다. 칼리 카드를 뽑으면, 문제에 관해 12월이 상서로운 달이 될 것이다.

헤카테 | HECATE

검은 여신 ◆ 염소자리 ◆ 흙

핵심구

현재에 살아라

여신 헤카테(Hecate)가 팔을 올린 채 서 있다. 손의 동전은 마력과 지혜뿐만 아니라 부를 선사하는 그녀의 능력을 상징한다. 머리 장식은 달의 세 상으로 이루어져 있다(차오르는 초승달, 보름달, 이지러지는 잔월) 그녀는 전통적으로 세 얼굴로 보여진다. 처녀, 어머니, 할멈의 전형적인 3인조 여신이다. 그녀 뒤의 블랙문은 그녀가 여왕으로 지배했던 밤과 상당한 권위를 가졌던 지하 세계의 동굴을 상징한다. 양 옆에는 그녀가 여행하는 곳마다 수행했던 큰 무리에 속한 사냥개가 있다. 개는 신성한 그녀의 동물이었다. 과거에 헤카테는 '달의 개'로 알려져 있었고 천랑성(天狼星) 시리우스와 관련되어 있다.

▶카드 아래 왼쪽 그림은 흙의 염소자리 상징이고, 오른쪽은 검은 여신의 달 원반이다.

신화

비록 달의 여신이지만, 헤카테는 지하 세계의 가장 중요한 신 중의 하나로 생각되었다. 대지뿐만 아니라 하늘에서도 강력했고, 기분이 좋으면 사람들에게 부와 지혜, 승리를 주었다. 아주 초기에는 고대 밤의 여신 닉스의 딸로 묘사됐으나 나중에 제우스와 헤라의 딸로 선언되었다.

헤카테는 유로파에게 주기 위하여 그녀 어머니의 루즈를 훔쳤다. 어머니의 격노를 피해 그녀는 지상으로 도망쳤고, 막 출산한 여인의 집에 머물렀다. 비록 산파라는 보호자였지만, 그녀는 이 접촉의 결과로 더럽혀졌다고 말해졌다. 그녀를 정화하기 위해, 카비리는 지하 세계로 데려가 아케론 강에 담갔고 그 때부터 그녀는 지하 세계에 머물게 되었다. 그녀는 신성한 사냥개 무리와 함께 여행했고, 보통 그녀가 좋아하는 장소(삼거리)에서 인간을 만났다.

어둡고 외진 장소에 대한 사랑 때문에 그녀는 '머나먼 신', 반갑지 않은 장소에서 여행자의 보호신으로 연상되었다. 상징적으로 그녀는 보통 세 얼굴로 묘사되었는데, 그것은 신적인 능력과 다음의 세 부분을 이해하는 능력을 나타낸다. 과거, 현재, 그리고 미래. 탄생, 삶, 그리고 죽음. 천상, 지상, 그리고 지하. 처녀, 아내, 그리고 과부.

카드의 의미

헤카테는 동시에 세 방향을 보는 능력을 갖고 있다. 이 카드를 뽑으면, 무엇인가가 당신을 과거 속에 가두고 있어서, 현재를 충분히 즐기는 것과 미래를 위한 긍정적인 준비를 하는 것이 어렵다는 뜻이다. 과거는 재검토되고 상기되어져야만 하고, 이익을 위해 그 영향은 상징적으로 잘 정리해야만 한다. 결과로 드러난 무엇이든지 당신을 제외한 모든 이에게 감추어진 채 남아 있을 것이다. 헤카테는 당신이 과거를 바꿀 수는 없으며 차라리 현재에 살고, 현재 할 수 있는 것을 하라고 말한다. 그러면 미래는 스스로를 돌볼 것이다. 죽음과 재탄생의 검은 여신으로서, 헤카테는 우선 해야 할 일의 순서를 정하도록 요구한다.

권위적인 염소자리 궁에서 흙의 보편적인 본성은 혼란이 있는 곳에 질서를 세우는 것이다. 헤카테 여신 카드를 뽑으면, 문제에 관해 1월이 중요한 달이 될 것이다.

프리야 | FREYA

검은 여신 ◆ 물병자리 ◆ 공기

핵심구

왕자를 찾기 위해서는 개구리에게 입을 맞춰야만 할 것이다

아름다운 켈트 여신 프리야(Freya)가 긴 풀 사이에 무릎을 꿇고 있다. 그녀의 머리카락은 하늘과 지상 위, 그녀의 영토를 날게 해주는 깃털 코트로 마술적 변형을 하는 어린 잎들로 굽이친다. 목 주위에는 난쟁이들이 만든 금과 보석 목걸이가 있다. 엉덩이에는 사랑의 여신뿐만 아니라 전쟁의 여신으로서 그녀의 본성을 상징하는 단도가 있다.

▶카드 아래 왼쪽 그림은 공기의 물병자리 상징이고, 오른쪽은 검은 여신의 달 원반이다.

신화

노르웨이 신화에서 오로라는 아름다운 여신, 프리야와 연관되어 있다. 그녀는 성(性), 그리고 다산, 또한 전쟁과 부(富)의 여신이었다. 그녀는 바다의 신, 뇨르드의 딸이었고, 프로이의 여동생이었다. 그녀는 오드, 즉 오딘의 아내였고, 그와의 사이에 두 딸 노스와 게르세미가 있었다.

프리야는 포크뱅의 호화로운 궁에서 살았다. 그녀가 오딘과 함께 전쟁터로 나갈 때는, 죽은 전사의 반을 가져올 권리를 가졌다. 죽은 영웅들의 나머지 반은 오딘에게 그 권리가 있었고, 그는 그들을 발할라로 운반해 왔다. 프리야가 선택한 전사들은 그녀의 궁으로 운반되었다. 발퀴레(오딘을 섬기는 무장한 처녀들)의 총사령관인 프리야는 때때로 발할라에서 오딘의 전사들을 맥주로 접대했다.

프리야는 소중한 브리싱 목걸이의 소유자였다. 그녀의 궁전 근처, 작은 동굴에 있는 작업장에는 금속 작업으로 유명한 네 명의 난장이들이 살았다. 어느 날 그들의 작업장을 방문했을 때, 그녀는 난장이들이 만든 가장 아름다운 금과 보석 목걸이를 보았고, 사겠다는 제안을 했다. 그들은 그녀의 제안을 비웃었지만, 만약 그녀가 그들 각자와 차례로 함께 자 준다면 목걸이를 가질 것이라고 말했다. 보석에 대한 마음이 너무 커서 그녀는 그들의 요구에 동의하고 목걸이의 소유자가 되었다. 하지만 그 후 로키가 목걸이를 훔치게 된다. 오딘에게 그것에 대해 불평했을 때, 그는 그녀를 나무라면서 다시 찾기 위해서는 두 왕 사이의 전쟁을 일으켜야 하며, 하루가 끝날 때 전쟁터에서 죽은 영웅들을 소생시켜 전쟁을 지속시켜야 한다고 말했다. 그녀는 그렇게 했고 목걸이를 다시 찾았다.

그녀는 다른 세계 사이를 날아다니는 데 사용할 수 있는 마술 깃털 코트를 갖고 있었다고 말해진다. 그녀의 수레는 고양이들이 끌었다. 마녀로서 재능을 갖고 있었고 아스가르드에 왔을 때는 신들에게 마술 주문과 음료에 대해 가르쳤다.

카드의 의미

원하는 것을 위해 자신을 팔 준비가 된 이 여신처럼, 만약 당신이 이 카드를 뽑는다면 당신도 그렇게 될 것이다. 프리야는 또한 바람직한 결과를 이루기 위하여 당신의 지위를 낮추어야만 한다는 것을 상징할 수 있다. 그녀는 물질 신이었고, 그녀가 원하던 대상에서 얻은 쾌락은 그것을 얻기 위해서 할 수 있는 범위를 많이 넘는 것이었다. 프리야는 마지막 검은 여신이고 그녀의 죽음과 재탄생의 역할은 혁신적 사고를 위하여 시대에 뒤떨어진 생각들은 버릴 것을 요구한다.

기묘한 물병자리 궁에서 공기의 또 다른 측면은 바람직한 결과를 이루기 위해 창의력과 위트를 사용하는 것을 나타낸다. 프리야 카드를 뽑으면, 문제에 관해 2월이 중요한 달이 될 것이다.

성수
(the moon mansions)

달을 본다는 것은 28일의 시간 속에서
12궁의 전체 우주를 어림잡는 것이다.
28수를 인정한 것은 현명한 인디언들과 고대 점성가들이었다.
그리고 28수에는 많은 고대 지혜의 비밀들이
숨겨져 있었고, 그것으로 인해 그들은 달의 주기 아래 있는
모든 것에 경이를 가질 수 있었다.
그리고 그들은 모든 성수는 닮은 점, 이미지, 특징,
높은 지성이 있다고 생각했으며,
다른 여러 가지 방법들로 그것을 위한 일을 했다

—동방 박사, 프랜시스 바렛

성수 1

화산 | Volcano

양자리 00.00-12.51 ◆ 화성과 태양에 의해 지배된다

회색 인물이 막 달리기를 하려는 운동 선수의 자세로, 원시적인 생활 형태가 새겨진 단상 위에 무릎을 꿇고 있다. 그는 노예 또는 힘을 상징하는 예식용 칼라를 목에 두르고 있다. 빛을 상실한 태양의 화염은 자신의 전능한 존재를 검은 달 뒤에서 보여주고 있다. 뒷 배경에는 어둠과 화산을 품고 있으며, 그 화산의 화염은 불타는 형상의 머리카락과 합체가 되어 있다. 나뭇가지로 만들어진 빛나는 원형이 다가올 만월을 암시하고 있다.

앨매크(Almach) - 양자리의 뿔

전설에 따르면, 달이 첫 번째 성수에 있을 때, 그것은 사랑 또는 증오의 주문을 걸기에 좋은 때로 간주된다. 달은 전투력과 격렬한 감정을 상징하며, 그것은 곧 일상 생활에서 다툼으로 나타난다.

카드의 의미

신월은 양자리 궁을 통과하여 움직이며, 첫 번째 두 데카나트의 지배자인 화성과 태양에 닿는다. 첫 번째 궁위에 있는 이 두 행성들은 대단히 창조적이며 창시적인 것이다. 이 카드는 영감과 자발성, 무모함을 나타내며, 더 이상 누를 수 없는 힘을 방출하기 위해 즉시 행동할 필요성을 나타내고 있다. 극단적인 행동과 조급성을 나타내는 카드이다.

이 성수는 뜨겁고, 불타오르며, 충만한 창조적 추진력이다. 그것은 후에 화산같이 분출할 에너지를 축적하는 비활성 기간을 나타낸다.

▷성수 1의 달에 태어난 사람들 : 빌 게이츠, 안토니오 반데라스, 사라 퍼거슨, 마티나 나브라티로바

주요 문구
자원의 유지 및 생성

성수 2

음악가 | Musician

양자리 12.51-25.43 ◆ 태양과 목성에 의해 지배된다

길게 늘어뜨린 태양빛 머리의 젊은 여성이 왼손에 바이올린을 들고 있다. 그녀의 몸은 분홍 꽃들과 신록의 잎사귀로 이루어진 꽃줄로 덮여 있다. 똑같은 꽃문양이 머리에도 씌워져 있다. 그녀의 뒤쪽으로 보이는 밝은 모래 언덕을 달리는 듯하며, 펼쳐진 음악 책이 발 아래로 우아하게 떨어지고 있다. 멀리 새떼가 태양 빛을 받으며 날아가고 있다. 그녀의 피부는 신록의 색인 연녹색이다. 그녀는 강력하고 창조적인 태양열을 향해 뻗친, 부드럽고 예민한 어린 새싹을 상징한다.

앨보타임(Albothaim) – 양자리의 배(복부)
전설에 따르면, 두 번째 성수에 달이 있을 때는 샘과 보화를 발견하기 위한, 별표 모양의 부적을 만들기에 길조인 시간으로 간주된다.

카드의 의미

태양은 두 활동적인 궁위인 사자자리와 궁수자리의 바람직한 한 쌍에서, 양자리의 마지막 두 데카나트에 있는 목성과 결합한다. 이것은 현재의 기회를 표현하는 카드이다. 간단히 잡을 수 있는 기회가 거기에 있다. 그리고 당신이 원하는 것이 무엇이든지 그리고 일의 본질이 무엇이든지, 다른 사람들을 고무시키거나 설득시키는 능력을 표현한다. 그것은 독창력의 확장과 표현의 용이성을 나타낸다. 숙련된 음악가가 연주하는 악기처럼, 자기 표현은 자연스럽게 이루어질 것이다.

이 카드를 뽑으면, 문제를 쉽게 다루는 데 필요한 모든 기술을 가지게 될 것이다.

▷성수 2의 달에 태어난 사람들 : 루치아노 파바로티, 휘트니 휴스턴, 끌로드 르노아르, 말론 브란도

주요 문구
쉬운 기회, 높은 창조력

성수 3

궁전 | Palace

양자리 25.43-황소자리 08.34 ◆ 목성과 금성에 의해 지배된다

붉은 머리의 무자비한 얼굴의 여자는 뚫어지게 당신을 응시하고 있다. 그녀는 감나무가 있는 가발 형태의 이상한 머리장식을 하고 있는데, 보랏빛 땋은 머리는 양 옆머리에 묶어져 있다. 그 가발에는 세밀하고 좌우 대칭인 아이보리색의 작은 궁전이 올려져있다. 궁전 벽의 꼭대기에서부터 건물의 양 끝에는 두 그루의 나무가 자라고 있으며, 각각의 나무에는 한 송이의 빨간 꽃이 피어있다. 그녀의 거대한 가발 뒤에는 검은 달의 원이 그려져 있다. 어깨 위에는 푸른 포도송이가 매달려 있다.

에스코리아(Ascorija)- 유성우
전설에 따르면, 세 번째 성수의 달은 바다 여행과 연금술을 위한 주문을 하기에 좋은 때로 생각되었다.

카드의 의미

거대한 목성은, 쾌락적 사랑의 금성이 사랑이라는 인생의 좋은 것들과 그 쾌락을 낳도록 한다. 이 성수는 황소자리의 감각적 흙의 궁위의 시작점으로 움직이며, 그 점에서 금성은 거대한 목성에 의해 극단으로 밀려나진다.

만일 당신이 이 카드를 뽑았다면, 과장과 방종하는 경향이 있으며, 당신의 기쁨이 크다는 것을 세상에 알리고 싶어 하는 경향이 있다. 이 카드는 무분별한 사치, 결과에 대한 과도한 관대, 감명을 주기를 소망한다는 것을 나타낸다.

▷성수 3의 달에 태어난 사람들 : 바버라 카트랜드, 재키 오나시스, 찰스 왕자, F 스콧 피츠제럴드

주요 문구
관대함, 과시

성수 4

돌 | Stone

황소자리 08.34-황소자리 21.26 ◆ 수성과 토성에 의해 지배된다

네 개의 계단이 매우 크고 견고하며 안전하지만 단순하게 보이는 직사각형의 건물에 이르고 있고, 그 건물의 각 측면에는 작은 헛간이 딸려 있다. 그것은 커다랗고 빛깔이 엷은 평판의 일부이며, 그 위에 평판이 있다. 이 평판에는 이상한 상징들이 새겨져 있는데, 가까운 가족의 비밀과 전통을 나타낸다. 평판 윗부분에, 굽은 자세로 왕관을 쓴 긴 금발 머리의 여자가 있다. 목 주위로 글자가 적힌 종이 같은 옷을 입고 있다. 그녀의 팔들은 평판을 감싸안은 듯 양쪽 아래로 늘어뜨려져 있다.

앨데바란(Alderbaran) – 황소자리의 눈이나 머리
전설에 따르면, 달이 이 성수에 놓이면, 건물의 파괴를 일으키며 가족 간에 갈등이 일어난다고 말해진다.

카드의 의미

황소자리에서 토성과 결합한 수성은 소유를 향한 중요한 태도를 나타낸다. 토성은 전통적으로 조상과 가족 간에 안전하게 재산을 상속한다는 것을 나타낸다. 이 성수는 그 양태가 대단히 물질적이고 소유욕이 강하다.

이 성수 카드를 뽑았다면, 개인적인 재산처럼 당신은 눈에 보이는 것에 대하여 단호하고 보호적인 태도를 가지게 되며, 그것은 가족 사업이거나 단순히 집안의 전통에 대한 것일 수도 있다. 이 문제에 대한 당신의 태도는 융통성이 없으며 보수적이다. 당신이 해왔던 방식만이 유일한 길이다.

▷성수 4의 달에 태어난 사람들 : 빌 클린턴, 저메인 그리어, 앨튼 존, 칼 마르크스

주요 문구
친숙한 것에의 집착

성수 5

바퀴 | Wheel

황소자리 21.26-쌍둥이자리 04.17 ◆ 토성과 수성에 의해 지배된다

거의 동일한 갈색 옷을 입은 두 여인이 한 손을 앞으로 내밀었으나 아주 완전히 닿지는 않은 채로, 서로를 마주 보며 서 있다. 달이 바퀴처럼 그려져 있다. 바퀴살은 시계 방향으로 도는 투구를 쓴 머리이다.

앨루쎄(Aluxer)- 황소자리의 몸

전설에 따르면, 달이 이 성수에 놓이면 학자들이 교수하기 좋은 시간으로 간주되며, 또한 재능과 적성을 개발하기 좋은 시기라고 할 수 있다.

카드의 의미

이 다섯 번째 성수에서는, 심각하고 보안의식을 가진 행성인 토성이 흥분하기 쉽고 예리한 사고의 궁위인 쌍둥이자리 안에서 수성(통신행성)과 결합한다. 그 결과, 토성은 보통 때보다 덜 엄격한 특성을 갖으며, 오히려 무게가 작은 수성에 의해 영향을 받고, 동시에 수성의 지구력을 향상시킨다.

이 카드를 뽑는다면, 당신은 좋은 관계를 갖는 능력과 특별한 사업을 운영하기 위해 다른 사람들과 함께 일하는 능력을 갖게 된다. 적합한 사회적 범주 안에서 움직이는 것과 유용한 사람들과의 접촉은 당신의 노력이 성공에 이르는 데 매우 중요하다. 통상 바퀴는 권력이 있는 누군가에 의한 허가나 승낙을 얻어내는 것을 의미한다. 이 카드는 필연적으로 당신이 알고 있는 누군가와 그들이 당신을 얼마나 좋아하는지에 관한 것이다.

▷성수 5의 달에 태어난 사람들 : 밥 딜런, 피터 셀러즈, 캐서린 햅번, 에디뜨 삐아프

주요 문구

훌륭한 인간 관계

성수 6

다리 | Bridge

쌍둥이자리 04.17-17.08 ◆ 수성과 금성에 의해 지배된다

머리 짧은 한 여인과 긴 머리의 다른 여인이 벗은 채로, 서로 반대 방향을 향해 서 있다. 그들은 가교를 만들어 서로 닿도록 상당히 노력하고 있다. 손은 머리 위로 올려 뻗고 무릎을 구부려 발바닥이 닿게 하고 있다. 두 여인 사이에 왕성한 성장력을 보이는 식물이 커다랗고 빨간 항아리에서 자라고 있다. 그 식물은 로터스이며, 꽃과 열매가 있다. 그림의 뒤에는 유례없이 아름다운 푸른 달이 떠 있다.

에이테이아(Athaia) - 위대한 빛의 작은 별

전설에 따르면, 달이 이 성수에 있을 때, 아랍 사람들은 병에서 서서히 회복된다고 믿었다. 또한 도시를 공격하기에 좋을 때이며, 당신이 군주라면 복수를 하기에도 좋을 때로 간주된다.

카드의 의미

수성과 금성은 그들 스스로를 표현하는 본능적 욕구가 아주 다르다. 그들은 대립적인 관점을 상징한다. 수성은 고분고분하고 빠르고 재주가 많은 반면, 금성은 느리고 소유욕이 강하다. 그러나, 그들은 사회적인 능력을 공유하고 있다. 이 두 행성의 지배를 받기 때문에, 이 성수는 의견이나 아이디어에서의 차이에 관한 것이다. 두 여인이 서로 맞닿아 있는 것은 가교를 형성하여, 서로의 견해를 찾아내며 타협에 이르는 능력을 의미하고 있다.

성수 6은 평화를 만들어 내는 카드이며, 이것을 뽑게 되면 이 전에 아주 대립적이었던 상황에서 조화스런 결과의 가능성을 나타낸다.

▷성수 6의 달에 태어난 사람들 : 브리지드 바르도, 빌리 코넬리, 노엘 커워드, 티나 터너

주요 문구
타협의 가교; 갑작스런 공통점의 발견

성수 7

방문객 | Visitor

쌍둥이자리 17.08~게자리 00.00 ◆ 금성과 천왕성에 의해 지배된다

노란색 옷을 입고 앉아 있는 여인은 시름에 잠긴 듯 왼쪽을 보고 있다. 그녀 옆에는, 기묘한 녹색의 여인이 우리를 바라보면서 우정의 몸짓으로 첫 번째 여인의 왼쪽 팔에 손을 댄 채 앉아 있다. 각각의 인물은 상징으로 장식된 옷을 입고 있다. 검은 언덕과 보름달이 배경을 이룬다.

앨디아라스(Aldyaras)- 쌍둥이자리의 팔
전설에 따르면, 달이 이 성수에 위치할 때 연인과 친구관계에 있어 우호적인 시간으로 말해진다. 그것은 또한 더 좋은 것을 얻기 위한 별 모양의 주문을 하기에 좋은 때이다.

카드의 의미

쾌락을 사랑하는 금성이 인간 관계에 있어서 편안함과 보호를 의미하는 반면, 불안한 천왕성은 친밀한 시도, 믿어 온 방법이나 일상에서 우리를 밀어내는 갑작스럽고 예상하지 못한 사건을 암시한다. 이 두 행성이 결합하면, 모든 면에서 필연적으로 놀라운 일이 생기며 인간 관계의 면에서 특별히 일상적이지 못한 사건이 일어난다.

이 카드를 뽑으면, 물음을 구할 만한 새롭거나 기대하지 못한 사회적 접촉이나 관계가 형성될 것을 의미한다. 우정의 손길이 가장 기대하지 못한 곳에서 제공되었거나 제공될 것이다. 이 카드는 또한 당신이 보통 사회적 관계를 갖지 않던 종류의 사람 누군가에게 애정을 갖게 됨을 상징한다.

▷성수 7의 달에 태어난 사람들 : 쉴리 템플 블랙, 커크 더글러스, 골디 혼, 클라우디 쉬퍼

주요 문구

기대치 못한 관계

성수 8

기사 | Knight

게자리 00.00-12.51 ◆ 달과 명왕성에 의해 지배된다

긴 금발의 아름다운 여인이 카드를 응시하고 있고, 가슴에는 훌륭한 머리 모양을 한 아이를 안고 있다. 투구를 쓰고 있고 초록색 망토를 입고 있으며, 왼손에는 단도를 들고 있다. 삶과 생명력을 상징하는 붉은 옷과, 그녀의 머리 뒤로는 검붉은 핏빛 달이 있다.

에마투라(Amathra)- 안개 낀 또는 흐린
전설에 따르면, 달이 이 성수에 있을 때, 가족들과 사랑하는 자녀들, 심지어 낯선 사람들에게도 특별히 호감이 가는 시간이다. 대조적으로 또한 누군가를 속박하는 주문을 하는 때이다.

카드의 의미

행성 명왕성은 변형과 거대한 권력을 의미하고, 반면 친절하고 동정적인 달의 본성은 양육과 보호를 의미한다. 이 두 행성이 게자리의 물의 상징에서 결합하면, 그녀의 어린 새끼를 지키는 모성의 엄청난 보호력을 나타낸다. 명왕성의 거대 권력은 부드러운 감정의 달에게 힘을 실어 주며, 달은 그녀 자신의 궁위 게자리에서 쉽게 그 본성을 표현할 수 있다.

이 카드는 자신을 잘 돌볼 수 없는 누군가를 방어해 주기 위해 필요하다면 무장할 필요가 있음을 표현한다. 이 카드를 뽑는다면, 당신의 마음 속에서 떠나지 않는 사람들과 이상에 깊은 관심을 가지게 될 것이다. 이것은 영웅 성수이다.

▷성수 8의 달에 태어난 사람들 : 제니스 조플린, 카밀라 파커 보울스, 에릭 사티, 톰 웨이츠

주요 문구
본능적인 보호

성수 9

물주전자 | Pitcher

게자리 12.51-25.43 ◆ 명왕성과 해왕성에 의해 지배된다

장식이 아주 잘된 꽃병 또는 물주전자는 여인의 머리 형상으로 만들어져 있다. 그녀의 흐르는 듯 밝은 청색 머릿단은 물주전자 양쪽 큰 잔에 흘러 떨어지는 물줄기로 변하고 있다. 그 잔을 서로 등 돌리고 앉은 슬픈 표정의 두 여인이 들고 있다.

에이트라스(Atars) - 사자의 눈

전설에 따르면, 달이 이 성수에 있을 때, 중국인들은 여행을 해서는 안 된다고 믿었다. 아랍 사람들은 이 성수를 'Al Tarf the Gaze'라 부르며, 당신이 이 성수의 달에 태어났다면, 붙임성이 있고 자비심이 강한 개성을 가졌다고 믿었다.

카드의 의미

두 외부 행성, 강력한 명왕성과 우아한 해왕성의 결합은 당신의 신념과 꿈을 세상에 펼치고자 하는 이상적인 바람과 함께 거대한 상상력과 감수성을 나타낸다. 이 성수는 어려움에 처한 사람들을 향한 동정심과 긍정적인 도움을 의미한다.

이 카드를 뽑으면, 당신은 주위 사람들의 욕구를 알아내는 능력을 갖게 되고, 관심과 공감할 수 있는 상상력을 통해 그것들을 제공할 수 있는 능력을 갖게 된다. 이 카드는 상황과 다른 사람들의 감정에 쉽게 공감하고 그들을 능동적으로 도울 어떤 일을 할 능력을 나타낸다.

▷성수 9의 달에 태어난 사람들 : 조르지오 아르마니, 아리사 프랭클린, 에리카 종, 폴 사이먼

주요 문구

다른 사람을 돕는 것

성수 10

분수 | Fountain

게자리 25.43-사자자리 08.34 ◆ 해왕성과 태양에 의해 지배된다

적갈색의 물결 머리를 한 잘 생기고 영웅 같은 여인의 모습이 시원한 분수가 분출하는 항아리로부터 나오고 있다. 그녀는 엷은 청색의 흐르는 물로 몸을 씻었다. 하늘을 날아 아주 높은 곳에 이르는 상상력을 상징하는 날개가 달린 투구를 쓰고 있다. 카드를 보는 사람들을 바라보는 그녀의 태도는 평온하며 자신만만해 보인다. 그녀의 머리와 어깨에는 창백한 태양 같은 보름달이 그려져 있다.

엘젤바(Algelba) – 사자자리의 목 또는 이마
전설에 따르면, 달이 이 성수에 있을 때, 건물을 강화하고, 사랑과 자비를 진전시키며, 적을 패배시키도록 도움을 주는 것으로 여겨졌다. 아랍 사람들은 이 성수를 사랑뿐만 아니라 전문적인 문제에도 호의적인 것으로 여겼다.

카드의 의미

태양은 역동적 창조성을 상징하는 반면 해왕성은 상상력의 팽창을 나타내며, 최고를 달성하기 위한 이상적 능력을 허락한다. 이 성수 카드는 당신 스스로와 다른 사람들에 의해 당신의 창조성이 인정받음을 의미하며, 상상력의 갑작스런 분출을 나타낸다.

이 카드를 뽑으면, 당신 자신의 재능에 대한 책임을 받아들여야 하며, 자신과 다른 사람들을 위해 유용하게 그것들을 사용해야 한다. 이 카드는 당신에게 당신 자신의 다양하고 풍부한 능력과 다른 사람들에 대한 그것들의 가치를 믿도록 촉구한다.

▷성수 10의 달에 태어난 사람들 : 크리스찬 디오르, 지미 헨드릭스, 클린트 이스트우드, 낸시 레이건

주요 문구
재능의 공유

성수 11

행운 | Fortuna

사자자리 08.34-21.26 ◆ 태양과 목성에 의해 지배된다

한 젊은 여인이 등 뒤에 잎이 있는 작은 나무를 두고 앉아 있다. 그녀는 꽃무늬의 파란 드레스를 입고 있다. 날고 있는 파랑새의 부리에 물려있는 황금 동전을 받기 위해 손을 벌리고 있다. 다른 황금 동전들이 그녀 앞으로 떨어진다. 엷은 붉은 달이 노란 하늘에서 빛난다.

에이조브레(Azobre)- 사자의 머리칼

전설에 따르면, 이 성수에 달이 있을 때, 항해하기 좋고 죄수들이 탈옥할 수 있도록 해주는 주문을 걸기에 좋은 때로 알려져 있다. 이상적 태도나 매우 세련된 기호를 가지고 사람들이 태어나도록 영향을 주는 것으로 생각되었다.

카드의 의미

태양과 목성이 조화롭게 결합하는 것은 아주 큰 행운을 의미한다. 황금 동전은 태양을 상징하며, 파랑새는 전통적으로 목성의 색이다. 황금 동전들은 일반적으로 큰 행운을 상징하지만, 반드시 재정적 소득을 의미하는 것은 아니다. 목성은 생활의 향상을 의미하는 반면 태양은 창조력을 나타낸다. 태양이 너그러운 사자자리 궁위에 있을 때, 이것은 멋진 기회의 성수이다.

이 카드를 뽑게 되면, 유복한 가정에서 태어나거나 상당한 양의 돈을 상속받게 되는 것, 또는 어떤 면에서 선천적 재능을 갖거나 그런 사람과 깊은 관계를 맺는 행운을 종종 나타낸다.

▷성수 11의 달에 태어난 사람들 : 엘리자베스 여왕 2 세, 폴 매카트니, 캐롤라인 스미스, 오스카 와일드

주요 문구

최고의 행운

성수 12

추락 | Fall

사자자리 21.26–처녀자리 04.17 ◆ 화성과 수성에 의해 지배된다

젊은 여성이 어디로 가는지 보지도 않은 채 달리고 있다. 그녀는 방파제 끝에서 막 떨어지려 하고 있다. 뒤편의 건물 앞에 두 형상이 손을 흔들며 위험을 알리는 경고의 소리를 질러대고 있다. 어두운 하늘에 붉은 달이 있고 멀리 검은 언덕이 있다.

앨자파(Alzarfa)- 사자자리의 꼬리
전설에 따르면, 달이 이 성수에 있을 때, 피고용인이나 샐러리맨들처럼 남의 일을 하는 사람들에게 좋은 때로 여겨져 왔다. 또한 많은 죄수들을 교화시킬 주문을 걸기에 좋은 시기로 알려지고 있다.

카드의 의미

수성의 신속하고 날카로운 사고, 화성의 충동적이고 원기왕성함, 그 둘의 조합은 거침없는 재기발랄과 무모한 행위를 만든다. 완벽주의의 처녀자리는 억제자처럼 작용해 당신의 행동이나 결정을 다시 생각하게 한다.

이 카드를 뽑았다면, 무모함에 대한 욕망과 조심할 필요 사이에서 갈등에 직면하게 될 수 있다. 충동적으로 행동하기 전후의 의혹을 경험할 수도 있다. 아이디어에 대해 다시 생각하게 될 수도 있고 계획 단계로 돌아갈 필요가 있을지도 모른다. 이 카드는 잘못된 결정을 했지만 어떻게든 실수를 돌이킬 시간이 있음을 보여준다.

▷성수 12의 달에 태어난 사람들 : 마거릿 대처, 엘론 후바드, 리처드 브랜슨, 제인 폰다

주요 문구

새로운 출발의 필요성

성수 13

제단 | Altar

처녀자리 04.17-17.08 ◆ 수성과 토성에 의해 지배된다

검은 구름 형상의 머리를 한 엄격해 보이는 여성이 절망적인 태도로 양손을 들고 있다. 그녀 앞에는 네 가지 원소(불, 흙, 공기, 물)를 나타내는 물건이 놓인 제단이 있다. 그녀의 손목 주위와 뒤쪽에는 작은 분홍 구름이 있다.

앨랄마(Alalma)- 개의 별, 처녀자리의 날개
전설에 따르면, 이 성수의 달은 돈을 다룸에 있어서의 명석함을 나타낸다. 이 성수의 달에 태어난 사람은 재정 능력이 커진다고 말해진다.

카드의 의미

질서 있고 정확한 처녀자리에 수성과 토성이 합해져 관습적인 견해를 나타낸다. 모든 대가를 치르고 현상 유지를 해야만 함을 의미한다. 이 위치의 토성은 타인의 생각에 대한 관심을 나타낸다. 이 존경할 만한 행성은 긍정적인 수성의 사고에 진지하고 비관적인 성향을 주게 된다. 제단은 의식(儀式)과 습관화된 생각을 나타낸다.

이 성수의 부정적인 분위기에도 불구하고, 작은 분홍구름은 긍정적인 잠재성과 현재의 암울한 상황에서 얻어질 희망을 나타낸다. 당신은 아직 그것을 알아차리지 못했더라도. 또한 이 카드는 당신이 때로는 타인이 기대하는 방식대로 어쩔 수 없이 행동해야 함을 나타낸다.

▷성수 13의 달에 태어난 사람들 : 앤 공주, 마돈나, 미셸 파이퍼, 존 트래볼타

주요 문구

타인의 기대에 부응

성수 14

왕위 | Sceptre

처녀자리 17.08-천칭 자리 00.00 ◆ 토성과 금성에 의해 지배된다

두개의 탑을 포함하고 있는 피라미드의 평평한 꼭대기에 고전적인 형상이 있다. 피라미드 양 옆에 두 그루 나무가 감기면서 자라고 있다. 형상은 권위와 주술적인 힘의 상징인 홀과 수정 구슬을 양 손에 들고 있다. 형상 뒤에는 빛나는 보름달이 있다.

에지멜(Azimel) - 처녀자리의 대못

전설에 따르면, 달이 이 성수에 있으면, 점술 연구, 투시력, 타로 등의 증진에 효율적이다. 누군가의 출생 과정에 이 달의 성수가 나타나면, 그는 신중함과 분석력이 향상된다고 말해진다.

카드의 의미

이 성수에서 토성과 금성의 조합은 날카로운 야망과 책임 있는 위치를 얻으려는 욕망을 만들어낸다. 금성과 토성 모두 소유의 행성이고 물질 획득, 성취와 관계가 있다. 금성과 토성이 이 성수의 처녀자리와 합해지면 완벽주의의 한 요소를 나타내기도 한다.

이 카드를 뽑았다면, 당신은 지위를 높이려는 욕망을 가진 것이다. 당신은 전통적 의미에서 인정과 존경을 갈망하고 사회의 기둥으로 인정받기를 원한다. 이 카드는 당신이 이 같은 위치가 되려면 좋은 계획과 사전 고려가 있어야 함을 깨우쳐 준다.

▷성수 14의 달에 태어난 사람들 : 바네사 레드그레이브, 존 에프 케네디, 잭 니콜슨

주요 문구
높은 자리에 대한 소망

성수 15

꽃다발 | Bouquet

천칭 자리 00.00-12.51 ◆ 금성과 천왕성에 의해 지배된다

젊은 연인들이 포옹한 채 의자에 앉아 있다. 소녀는 긴 금발에 장미를 꽂고 있다. 연인의 오른쪽에는 짙은 빨간색의 장미 나무가 있다. 연인의 주위에 다른 꽃들이 떨어지고 있다. 하늘은 봄의 새싹 같은 연록색이다. 그들의 뒤로 오렌지 빛 보름달이 있다.

앨자리아(Algalia)- 뚜껑 혹은 덮개

전설에 따르면, 이 성수의 달은 가족이나 다른 관계에 좋지 않은 때로 알려지고 있다. 그러나 보물 발견의 성공 가능성을 증대시키며, 이를 목적으로 하는 주문을 하기에 좋은 때로 여겨진다.

카드의 의미

조화로운 천칭자리는 관계의 궁위이고, 갑작스럽고 종종 충격적인 행성 천왕성과 결합한 금성은 예상치 못한 사랑이나 관계의 발생을 의미한다. 당신이 예상했든지 그렇지 않든지 간에, 이것은 의심할 것 없는 사랑의 카드이다.

이 카드를 뽑았다면, 당신이나 묻고 있는 문제와 관련된 다른 누군가는 갑작스럽고 압도적인 사랑의 감정을 경험하게 된다. 이 카드는 놀랍지만 결국은 오래 유지되는 관계, 짧은 간통, 후회스런 사랑을 나타낼 수 있다. 기대치 못한 흥분 같은 감정적 즐거움으로 흔들리거나 심지어 누군가 새로운 사람을 만남으로써 생기는 열정적 상황을 나타낸다.

▷성수 15의 달에 태어난 사람들 : 애거사 크리스티, 월트 디즈니, 툴루즈 로트렉, 빌리 진 킹

주요 문구
불륜적인 행동이나 관계

성수 16

문 | Door

천칭자리 12.51-25.43 ◆ 천왕성과 수성에 의해 지배된다

한 여자가 열려진 통로 앞의 방에 서 있다. 그녀의 옆에 붉은 꽃이 달린 큰 키의 식물이 장식된 항아리에서 자라나고 있다. 통로를 통해 계단으로 올라가면 궁전에 이르게 되고, 궁전 뒤에는 어두운 빛의 언덕이 있다. 연한 황색 달이 작은 구름에 가려져 있다.

엘시빈(Alcibene) - 전갈자리의 발톱

전설에 따르면, 이 성수의 달은 결혼하기에 좋지 않고 가족 간에 싸움을 일으킨다. 캅바교(Kabbalists)들은 이 성수를 '아야' 즉 구조라고 부르며 이 시기에는 자유 의지가 커진다고 믿었다.

카드의 의미

천왕성은 새로운 생각의 흐름으로 수성을 자극해서, 측면적 생각을 북돋아 주거나 두뇌 활동을 유발시킨다. 이 카드는 당신과 다른 모두를 놀라게 하고 당신을 낡고 익숙한 사고 방식에서 벗어나게 할 찬란한 신개념의 착상을 의미한다. 카드의 식물은 같은 방식으로 살아왔던 오랜 시간을 상징한다. 열린 문은 기회로 이끈다.

이 카드를 뽑았다면, 정해진 일상과 익숙한 상황의 계속되는 안전성과 막대한 잠재성을 지녔지만 결과를 알 수 없는 새로운 시도 사이에서 중요한 결정을 해야 한다. 당신의 삶이 바뀌기를 원한다면 문을 나서야 한다.

▷성수 16의 달에 태어난 사람들 : 윌리스 심프슨, 잔다르크, 마리 앙투아네트, 제인 오스틴

주요 문구
갑작스러운 결정이나 새로운 기회

성수 17

검 | Sword

천칭자리 25.43-전갈자리 08.34 ◆ 수성과 명왕성에 의해 지배된다

똑바로 선 여인의 형상 양 옆으로 두 자루의 칼이 칼끝으로 균형을 잡고 서 있다. 칼날받이에는 초승달이 있고, 칼날을 뱀이 휘감고 있다. 뱀의 혀는 여인의 팔에 감겨 있다. 여인은 아치형의 투구를 쓰고 있다. 그녀의 왼쪽 어깨 위 아치의 한쪽 아래에는 깃털이 있다. 오른쪽 어깨 위에는 심장이 있다.

아킬(Archil) – 전갈자리의 왕관
전설에 따르면, 이 성수의 달은 악운을 뒤바꾸고, 사랑을 지속시키며 건물을 강화한다고 여겨졌다. 중국인들은 이 성수를 '용의 꼬리'라 부르며, 인생을 통해 비방의 위협으로부터 사람들을 지켜준다고 생각했다.

카드의 의미

전갈자리의 강력한 명왕성은 느긋한 수성이 극도의 정신 활동을 하도록 불을 붙인다. 이 성수는 동기나 개혁을 위한 행동의 압도적인 요구를 의미한다. 정의(正義)를 필요로 하는 카드이다. 강력한 명왕성의 영향은 과거의 잘못에 대한 복수를 의미한다.

이 카드를 뽑았다면, 부당함을 깨닫고 그것을 바로잡을 필요가 있다. 카드에 그려진 뱀의 혀는 흥분된 의논을 뜻한다. 따라서 관심 있는 문제에 대한 열띤 토론이 있을 수밖에 없다.

▷성수 17의 달에 태어난 사람들 : 제임스 딘, 스티븐 스필버그, 라켈 웰치, 리브 울만

주요 문구
복수의 생각 : 소송

성수 18

희생 | Sacrifice

전갈자리 08.34-21.26 ◆ 명왕성과 해왕성에 의해 지배된다

벌거벗은 여인이 피곤하다는 몸짓으로 손을 이마에 올리고 하늘에 시선을 고정한 채 파란 쿠션에 앉아 있다. 그녀의 왼편에 역시 헐벗은 나무가 검은 달이 있는 붉은 하늘에 윤곽을 드러내고 있다. 잎과 붉은 꽃이 달린 가지가 여자의 왼손에서 보라색 땅으로 떨어지고 있다.

앨컬브(Alchalb) – 전갈자리의 심장

전설에 따르면, 달이 이 성수에 있으면 불화, 폭동, 왕자나 중요한 인물에 대한 음모, 적들에 의한 복수를 일으킨다. 중국인들은 이 시기에 행하는 모험은 기대했던 대가를 얻지 못한다고 생각했다.

카드의 의미

명왕성의 열정과 해왕성의 연민이 더해져 극도의 무욕적 행위를 나타낸다. 이 성수는 관심을 두는 주제에 대한 열렬하고 극단적인 헌신을 나타낸다. 벌거벗은 여인의 이미지는 정직과 모든 것의 상실을 상징한다. 꽃은 그녀가 줄 수 있는 마지막 소유물(사랑)이다.

이 카드를 뽑았다면 당신은 특별한 명분이나 타인을 위해 모든 것을 잃을 준비가 되어야 한다. 이 문제에 관해 성실만이 모든 것이며, 결코 마음을 바꾸지 않을 것이다.

▷성수 18의 달에 태어난 사람들 : 엘리자베스 테일러, 우피 골드버그, 베티 미들러, 찰리 채플린

주요 문구

희생 혹은 감정적 극단

성수 19

두개의 길 | Two Paths

전갈자리 21.26-궁수자리 04. 17 ◆ 태양과 목성에 의해 지배된다

선명한 지그재그 무늬의 푸른 옷을 입은, 긴 빨강 머리의 기수가 지친 말을 타고 있다. 그녀는 막 여행을 떠나려 하고 있다. 멀리 말의 발 아래, 두 갈래 길이 멀어져 간다. 검은 언덕이 분홍빛 하늘로 뚜렷하게 올라 있고, 거대한 노란 보름달이 말과 기수의 윤곽을 드러낸다.

엑사라(Axala)- 전갈자리의 꼬리

전설에 따르면, 이 성수의 달은 도시를 포위하고 사람들을 그들의 집에서 몰아내는 데 좋다고 여겨졌다. 아랍인들은 이 성수에 태어난 사람은 사냥의 성공과 사고의 발전을 누리게 되나, 한편으로 상업적 기업의 유지와 고정된 거주지의 확립에 어려움이 있다고 믿었다.

카드의 의미

전갈자리의 끝과 궁수자리의 시작이다. 가장 모험적인 두 궁위에 위치한 달과 목성은 정신적 또는 신체적인 상념이 많은 장거리 여행을 나타낸다. 이 성수의 달은 정신적, 신체적 여행의 출발에 대한 긴장과 감정적 흥분을 의미한다.

이 카드를 뽑았다면 중요한 결정을 내려야 할 때이다. 당신은 둘 중 하나의 선택에 스스로를 맡겨야만 한다. 두 길은 같은 방향을 향하는 것 같지만 확신할 수는 없다. 오직 그 여행을 위해 대범해지는 수밖에 없다

▷성수 19의 달에 태어난 사람들 : 케빈 코스트너, 앤드류 왕자, 존 에스트롬, 마고 폰테인

주요 문구
여행의 낙천적인 출발 : 감정적 흥분

성수 20

위기 | Precipice

궁수자리 04.17-17.08 ◆ 목성과 화성에 의해 지배된다

반듯한 머리에 빨간 밴드를 하고 있고, 단호한 결심이 보이는 얼굴로 푸른 날개를 단 이카루스는 절벽의 끝에서 막 날려고 한다. 엷은 노란색으로 물들어진 달이 마치 창백한 태양처럼 그의 머리 위에서 빛나고 있다.

아바나하야(Abanahaya) - 광속
전설에 따르면, 이 성수의 달은 야생 동물 길들이기와 감옥을 튼튼히 하는 데 좋다고 여겨졌다. 그것은 사람을 억지로 어떤 장소에 오게끔 만든다고 생각되었다. 중국인들은 이 성수의 달은 비록 잃을 위험이 있지만, 무역을 촉진시키는 데 좋다고 믿었다.

카드의 의미

목성과 화성은 격렬하고 열정적인 행동을 촉진시키기 위해 이 궁수자리에서 결합한다. 전통적으로 충동적이고 성미가 급한 화성은 낙관적인 목성의 큰 포용력으로 인해 힘을 얻고 한계까지 돌진한다. 이것은 도박사들의 카드이다. 그것은 아마도 무언가 아주 중요한 것을 그 순간의 충동으로 숙고없이 무모하게 결정했다는 것을 나타낸다.

이 카드를 뽑는다면, 묻고 있는 문제와 관련된 누군가가 자신의 무오류성에 대해서 잘못된 믿음을 가지고 있다. 이 카드는 다른 사람들의 충고를 무시하고 자신을 알 수 없는 상황에 던지는 것을 상징한다.

▷성수 20의 달에 태어난 사람들 : 오프라 윈프리, 파블로 피카소, 크리스토퍼 리브, 밥 겔도프

주요 문구

충동 : 무모한 결정

성수 21

둘 | Duel

궁수자리 17.08-염소자리 00.00 ◆ 화성과 태양에 의해 지배된다

서로를 던지려고 싸우는 두 명의 맞수 남자 레슬러들. 그들의 팔과 다리는 굳히기 작전으로 아무도 우위를 점할 수 없다. 빨간 인물은 화성을 의미하고 금색 인물은 태양을 의미한다. 검은 언덕들이 멀리 솟아 있다.

앨벨다(Albelda) - 황무지

전설에 따르면, 이 성수를 여행하는 달은 이혼을 하기에 적당한 시간이라고 한다. 힌두교에서 이 성수의 달은 사냥의 본능과 과다한 성적 욕구를 가지고 있는 군인들이 좋아했다.

카드의 의미

창조적인 삶과 경쟁의 상징인 화성과 태양이 불 같은 궁수자리에서 만나면, 자기 의지와 권위 사이의 충돌을 의미한다. 태양은 아버지의 강하고 권위적인 모습을 나타내고, 화성은 외향적이고 제 마음대로인 아들을 나타낸다. 둘 다 자신들이 절대적으로 올바르다고 믿고 어떠한 대가를 치르더라도 항복하지 않을 것이다. 그들은 막다른 골목에 다다랐다.

이 카드를 뽑는다면, 왕성한 공격의 자극을 받고 어떠한 경우라도 이기려는 욕구가 지배적이다. 현재 상황에서는 포기하든지 싸움에서 다칠 준비를 하든지, 두 가지 경우밖에 없다. 검은 언덕은 알 수 없는 결과를 나타낸다.

▷성수 21의 달에 태어난 사람들 : 주디 갈란드, 빌리 그래엄, 앙리 마티스, 알 파치노

주요 문구
경쟁 활동 : 상반된 관점에서의 충돌

성수 22

결혼 | Wedding

궁수자리 00.00-12.51 ◆ 토성과 금성에 의해 지배된다

아름다운 머리에 주황색 옷을 입은 남녀가 아치형 문 안 석재 단 위에 서 있다. 앞쪽으로 손을 잡고 뒤로는 팔을 교차시킨 채 앞을 보고 있다. 그들의 양 옆으로 자라나는 식물이 조각된 아치를 휘감고 있다.

칼달바라(Caaldalbala) - 목사
전설에 따르면, 달이 이 성수를 여행할 때는 불화의 씨를 풀고 우정을 가져오기 위한 별 모양의 부적을 만들기에 좋은 때로 생각되었다. 아랍인들은 개인적 힘이 커지며 결혼에 좋지 않은 때로 여겼다.

카드의 의미

염소자리와 그 지배 행성인 토성은 권위와 전통적인 방법을 나타낸다. 금성은 재능과 명성을 포함한 소유물의 획득과 관계 있다. 이 행성들의 결합은 대개 공동체로부터 받아들여지고 존경받고 싶은 강한 욕망을 만든다. 이 성수는 사회적 명령에 따라 옳은 일을 행함을 나타낸다. 이것은 사랑이나 관계의 카드가 아니다. 여기서 사용된 결혼은 편의상 또는 사회적으로 받아들여지는 일의 은유이다.

이 카드를 뽑았다면, 당신은 모두가 기대하는 관습적인 선택이나 행동을 하게 될 것이다.

▷성수 22의 달에 태어난 사람들 : 미아 패로, 애니 레녹스, 마이클 더글라스, 예후디 메뉴인

주요 문구

행동에의 순응 : 외관의 유지

성수 23

고백 | Confession

염소자리 12.51–25.43 ◆ 금성과 수성에 의해 지배된다

빨강머리와 금발의 두 여인이 서로를 향해 몸을 기울인 채 깊은 토론에 빠져 앉아 있다. 그들 사이에 커다란 좌우 대칭형의 식물이 항아리에서 자라나고 있다. 식물의 잎은 입술의 형태와 색을 가지고 있고 잡담을 상징한다. 뻗어 나가는 녹색 식물 뒤로 큰 검은 달이 있다.

칼델보라브(Caaldelbolab) – 들이킴

전설에 따르면, 이 성수를 통해 달이 여행할 때는 이혼, 포로 석방, 병이 낫기 좋은 시기로 여겨진다. 캅바교도들은 이 성수의 달에서 태어난 사람은 비록 상당한 성공을 다른 이들을 통해 얻을지라도, 다툼과 시기의 삶이 될 것이라고 생각했다.

카드의 의미

금성은 선택, 수성은 정신적인 과정과 토론을 상징한다. 달이 책임과 순응의 염소자리에 있을 때, 이들 행성은 감정적인 문제에 관한 진지하고 비밀스러운 의논을 나타낸다.

이 카드를 뽑았다면, 모종의 조언이나 답변을 얻을 것이다. 그림의 검은 달은 아직 드러나지 않은 중요한 것을 나타낸다. 오래도록 지켜진 비밀이라도 곧 당신에 의해 또는 당신에게 드러날 것이다. 이 카드는 스캔들을 나타내기도 한다.

▷성수 23의 달에 태어난 사람들 : 쉐어, 빌리 할리데이, 테미 위네트, 니나 시몬

주요 문구

비밀 대화 : '고뇌하는 여자' 같은 행동

성수 24

가면 | Mask

염소자리 25.43-물병자리 08.34 ◆ 수성과 천왕성에 의해 지배된다

규칙적인 무늬가 있는 관을 쓴 여성의 완벽한 얼굴, 갈색의 물결치는 머리칼은 단정하며 기묘할 만큼 태연해 보인다. 미간에 작고 붉은 달이 있다. 그녀의 입술은 완벽하고 관능적이지만 눈동자는 보이지 않는다. 사실 이 얼굴은 아름다운 가면인 것이다.

카다초트(Caadachot) – 비참한 자 중의 비참한 자
전설에 따르면, 달이 이 성수를 여행할 때는 사회적으로 존경받고 권위 있는 이들에게 좋지 않은 때로 여겨져 왔다. 적을 능가하는 힘을 얻을 수 있는 부적을 준비하기 좋은 때이다. 캅바교도들은 이 성수의 달은 신중히 행동하면 좋지만 그렇지 않으면 행운이 뒤집힐 수도 있다고 생각했다.

카드의 의미

수성과 천왕성이 결합해 기묘하고 특이하며 허위스럽기까지 한 생각을 만들어 낸다. 염소자리와 물병자리는 갈등 관계에 있다. 염소자리는 형태의 유지와 관계가 있고, 물병자리는 새로운 토대를 부수어 구식의 관점으로 바꾸는 것을 좋아한다. 이 성수는 불리하고 이상하며 예상하지 못한 대화를 나타낸다.

이 카드를 뽑았다면, 누군가는 거짓을 말하고 있는 것이다. 그들은 당신이 알고자 하는 다른 무언가를 은폐시켜 필사적으로 환상을 유지하려 한다. 이 카드는 해결이나 폭로가 있을 것임을 나타낸다. 가면은 벗겨질 것이다.

▷성수 24의 달에 태어난 사람들 : 조안 크로포드, 존 레논, 인디라 간디, 수잔 서랜던

주요 문구
누군가가 무엇인가를 숨기고 있다.

성수 25

반역 | Rebel

물병자리 08.34-21.26 ◆ 천왕성과 수성에 의해 지배된다

기묘한 인물이 중력이 미치지 않는 공간에 거꾸로 떠 있다. 얼굴은 평온하며 이상한 자세를 개의치 않는다. 작은 원소의 상징들이 인물 주위로 떠다닌다. 붉은 머리칼이 물결치고 황색 베일이 허리에 감겨 있다.

칼다(Caalda) - 나비

전설에 따르면, 달이 이 성수를 여행할 때 태어난 사람은 용감하고 완고하며 적에게 승리할 수 있다고 여겨졌다. 그러나 또한 사업상 불운을 만드는 거칠고 이상하며 특이한 행동을 하기 쉽다고 생각되었다.

카드의 의미

물병자리에서 천왕성과 수성이 결합하면 규칙과 전통을 거의 배려하지 않는 일면을 만들어낸다. 이 카드는 그 유용함으로 살아남은 전통적 관념과 옛 관점이 개선되고 갱신되어야 함을 보여준다. 그것은 새로운 방법으로 사물을 보고 작업을 하는 진보를 위해서 필수적이다.

이 카드를 뽑았다면, 천재의 번뜩임을 만드는 뛰어난 사고의 가능성이 있는 것이다. 카드는 목적에 대한 강한 헌신을 나타낸다. 당신이 '가지를 벗어난' 것처럼 다른 사람들에게 보일지라도 스스로가 옳다는 확신은 있다. 당신은 목표를 이루기 위해 완전히 정형을 벗어날 준비가 되어 있어야 한다.

▷성수 25의 달에 태어난 사람들 : 무하마드 알리, 마릴린 먼로, 테네시 윌리엄스

주요 문구
목적을 위한 논쟁 : 별난 행동

The Moon Mansions

성수 26

포로 | Prisoner

물병자리 21.26-물고기자리 04.07 ◆ 금성과 해왕성에 의해 지배된다

긴 금발에 푸른 꽃을 단 강인한 여인이 고정된 녹슨 금속 구조물에 갇혀 있다. 그 구조물은 빛이 비치는 분리된 출구로 이끄는 날개 계단 형태의 두 개의 금속 주초(柱礎) 위에 서 있다.

앨가파무스(Algafarmuth) – 첫 번째 물 그림
전설에 따르면, 달이 이 성수를 통해 여행할 때 인디언 점성가들은 부(富)는 베풀지만 행복하지는 않다고 생각했다. 이 성수에 당신이 태어나면, 탐욕으로부터 기인하는 감미로운 충동을 억제해야만 할지라도 여자들은 당신에게 복종한다.

카드의 의미

종종, 해왕성의 자비로운 본성은 혼란을 야기해 환상과 현실 간의 차이를 인정할 수 없게 한다. 엄하지 못한 금성과 결합하면, 해왕성은 비록 실제보다는 상상적 요소가 크지만, 전형적인 '희생물'을 의미할 수 있다. 이것은 자기 자신 혹은 누군가의 배반으로 야기되는 정신적, 감정적, 신체적 감금을 의미한다.

이 카드를 뽑았다면, 그림의 여인과 같이 실제로는 당신이 상상하는 함정에 빠지지 않았으며, 언제든지 속박하는 상황으로부터 탈출할 수 있다. 그림 아래 출구는 당신에게 새로운 길이 열려 있음을 나타낸다.

▷성수 26의 달에 태어난 사람들 : 우디 알렌, 다이애나 공주, 엘비스 프레슬리, 미켈란젤로.

주요 문구

상황에서의 탈출구 찾기 : 배반

성수 27

정신적 지도자 | Guru

물고기자리 04.07-17.08 ◆ 해왕성과 달에 의해 지배된다

평온함과 명상의 자세로 가부좌를 하며 떠 있는 부처와 같은 형태. 그의 얼굴은 음양의 상징색을 띤다. 그의 배에는 무아지경의 상징이 있다. 머리와 어깨로부터 에너지가 발산된다. 그 밑에 정신적인 교화를 나타내는 두 마리의 파랑새가 날고 있고, 그의 뒤에는 붉은 달의 원반이 보인다.

엘가페르무스(Algarfermuth) – 두 번째 물 그림
전설에 의하면, 이 성수의 달은 비상한 통찰력, 심령적 힘, 정신적 일을 하기에 모두 좋은 시기로 간주된다. 그러나 그 시기에 지연되거나 어려움이 따를 만한 새로운 사업을 시작하기에 좋은 시기는 아니다.

카드의 의미

큰 포부를 가진 해왕성과 심오하며 감수성이 강한 달이 가장 정신적인 궁위인 물고기자리에서 결합하면 영감 혹은 도피를 상징할 수 있다. 종종 이 행성의 결합은 약물 복용에 의한 현실 세계로부터의 도피로 나타날 수 있다. 이 성수의 달은 환상과 실제가 잠시나마 하나가 되는 매우 고차원의 창조적 정신을 의미한다.

이 카드를 뽑았다면, 당신은 아마 어려운 상황에서 벗어나기를 갈망하거나 당신 멋대로 하고픈 시간을 가지기를 바라는 것일지도 모른다.

▷성수 27의 달에 태어난 사람들 : 코코 샤넬, 프랭크 시나트라, 휴 헤프너, 마타 하리

주요 문구

영감이나 탈출

The Moon Mansions

성수 28

잠든 자 | Sleeper

물고기자리 17.08-양 자리 00.00 ◆ 달과 명왕성에 의해 지배된다

평온하고 아름다운 얼굴을 한 창백한 여성이 팔을 교차시키고 달 모양의 크리스탈을 가슴에 안고 벗은 채로 자고 있다. 그녀의 연둣빛 닮은 머릿결은 굽이치는 강물처럼 흐르고 있다. 물방울이 떨어진다. 그녀는 잠자는 달과 같다.

에나세(Anaxhe) - 물고기의 배
전설적으로, 캅바교도들에 의해 천체로 명명된 이 성수에 달이 있으면 두 가지 영향을 갖는다고 생각되었다. 이 성수에 태어나면, 외부 세계에서는 투쟁의 삶을 겪을 운명이지만 내적 세계에서는 모든 것이 평온하고 고요할 것이다.

카드의 의미

물고기자리에서 결합된 달과 명왕성은 하데스에 의해 납치된 페르세포네를 상징하며, 그녀는 한 해의 일부를 지하 세계에서 어쩔 수 없이 보내야 했다. 이 카드는 강렬한 감성의 힘이 현재 잠자고 있으며, 갇혀 있고, 완벽한 표출을 위한 적당한 시간을 기다리고 있다는 것을 나타낸다. 이 성수의 달은 인생과 맞붙기 위한 새로운 힘을 내기 전의 고요한 시간을 의미한다. 그것은 예감과 통찰력의 시간인 것이다.

이 카드를 뽑았다면, 휴식이 끝날 때까지 일어날 어떤 것도 처리할 수 없을 것이다. 그럼에도 불구하고 미래를 내다보는 능력은 문제를 성공적으로 해결하는 중요한 부분으로 작용할 것이다.

▷성수 28의 달에 태어난 사람들 : 그레이스 켈리, O.J. 심슨, 시시 스페이섹, 얼사 키트

주요 문구
예감 : 의심

문 테이블

문 테이블은 일단 당시의 지역 시간을 그리니치 평균시로 바꾸면 사용하기 간단하다. 전 세계의 점성학적 측정은 혼란을 피하기 위해 GMT(Greenwich Mean Time)로 변경된다. 당신의 지역 시간대가 여름 동안에 변경되면, 영국을 포함해서, GMT로 변경 시 그것을 참작하라.

아래 시간 변경표를 사용하여 질문을 하는 순간에 당신의 지역 시간과 GMT 간의 차이를 계산하라. 그리고 나서 문 테이블을 참조할 때 적절한 시간의 수를 더하거나 빼라. 정확한 GMT는 달이 한 상에서 다른 상으로 변할 때, 그 날만 중요하다.

여기 한 예가 있다. 우리는 텍사스 주, 휴스턴에서 2000년 6월 16일, 오후 4시 35분에 카드 해석을 하려 한다. 문 테이블에서 우리는 그 날 GMT 오후 10시 26분에 달이 보름달 상으로 바뀌었다는 것을 알게 된다. 휴스턴의 오후 4시 35분이 달이 보름달로 바뀌기 전인지 후인지 알기 위해 휴스턴과 GMT 시간 간의 차이를 계산하는 것은 중요하다. 시간 변경표는 휴스턴 시간이 GMT-06.00 이라는 것을 보여 준다, 그래서 휴스턴은 GMT 시간의 6시간 뒤이다. GMT를 계산하기 위해서는 오후 4시 35분에 6시간을 더해서 GMT 오후 10시 35분이 된다. 이것은 달이 오후 10시 26분에 보름달로 바뀐 지 9분 후이다. 그래서 우리의 해석을 지배하는 달은 궁수자리의 불의 보름달이다. 이것이 뽑은 달의 상 카드가 될 것이다.

달의 상이 바뀌지 않는 날에 문 테이블을 볼 때는, 상이 바뀐 가장 가까운 전 날을 보라, 그러면 그것이 당신의 현재 달의 상이 될 것이다.

  예를 들면, 텍사스 주, 휴스턴에서 2000년 10월 3일, 오후 8시 15분에 카드 해석을 하려고 한다. 10월 1일에 달의 상이 전갈자리, 물의 초승달로 바뀌었다. 다음 달의 상은 10월 5일에 바뀌므로, 우리는 아직 초승달 상에 있고 GMT를 계산할 필요가 없다.

  이것이 복잡하다면, 오래된 시계 하나를 영구적으로 GMT에 맞출 수도 있다. 또한 당신의 지역이 목록에 없다면, 시간대 확인을 위해 인터넷이 유용하다.

시간 - 변경표		
암스텔	GMT	+ 01:00
아테네	GMT	+ 02:00
봄베이	GMT	+ 05:30
카이로	GMT	+ 02:00
캘거리	GMT	- 07:00
시카고	GMT	- 06:00
더반	GMT	+ 02:00
지브롤터	GMT	+ 01:00
휴스턴	GMT	- 06:00
런던	GMT	00:00
마드리드	GMT	+ 01:00
멜버른	GMT	+ 10:00
몬트리얼	GMT	- 05:00
뉴욕	GMT	- 05:00
파리	GMT	+ 01:00
로마	GMT	+ 01:00
샌프란시스코	GMT	- 08:00
시드니	GMT	+ 10:00
도쿄	GMT	+ 09:00
웰링턴	GMT	+ 02:00
서울	GMT	+ 09:00

MOON TABLES 2016

상	날짜	그리니치평균시	궁위/원소	상	날짜	그리니치평균시	궁위/원소
하현달	Jan 2 2016	05:31	천칭자리/공기	잔월	July 1 2016	03:02	황소자리/흙
잔월	Jan 6 2016	07:44	궁수자리/불	블랙문	July 4 2016	11:02	게자리/물
블랙문	Jan 10 2016	01:30	염소자리/흙	초승달	July 8 2016	01:09	처녀자리/흙
초승달	Jan 13 2016	13:07	물고기자리/물	상현달	July 12 2016	00:52	천칭자리/공기
상현달	Jan 16 2016	23:27	양자리/불	철월	July 16 2016	03:03	궁수자리/불
철월	Jan 20 2016	10:52	쌍둥이자리/공기	보름달	July 19 2016	22:57	염소자리/흙
보름달	Jan 24 2016	01:46	사자자리/불	파종달	July 23 2016	12:35	물고기자리/물
파종달	Jan 27 2016	23:55	처녀자리/흙	하현달	July 26 2016	23:00	황소자리/흙
				잔월	July 30 2016	08:32	쌍둥이자리/공기
하현달	Feb 1 2016	03:28	전갈자리/흙				
잔월	Feb 5 2016	02:00	염소자리/공기	블랙문	Aug 2 2016	20:45	사자자리/불
블랙문	Feb 8 2016	14:39	물병자리/공기	초승달	Aug 6 2016	16:11	처녀자리/흙
초승달	Feb 11 2016	22:29	양자리/불	상현달	Aug 10 2016	18:21	전갈자리/흙
상현달	Feb 15 2016	07:46	황소자리/흙	철월	Aug 14 2016	18:11	염소자리/흙
철월	Feb 18 2016	22:00	게자리/물	보름달	Aug 18 2016	09:27	물병자리/공기
보름달	Feb 22 2016	18:20	처녀자리/흙	파종달	Aug 21 2016	18:53	양자리/불
파종달	Feb 26 2016	20:33	천칭자리/공기	하현달	Aug 25 2016	03:41	쌍둥이자리/공기
				잔월	Aug 28 2016	15:37	게자리/물
하현달	Mar 1 2016	23:11	궁수자리/불				
잔월	Mar 5 2016	17:22	물병자리/공기	블랙문	Sep 1 2016	09:04	처녀자리/흙
블랙문	Mar 9 2016	01:55	물고기자리/물	초승달	Sep 5 2016	09:05	전갈자리/흙
초승달	Mar 12 2016	07:19	황소자리/흙	상현달	Sep 9 2016	11:49	궁수자리/불
상현달	Mar 15 2016	17:03	쌍둥이자리/공기	철월	Sep 13 2016	08:18	물병자리/공기
철월	Mar 19 2016	11:06	사자자리/불	보름달	Sep 16 2016	19:05	물고기자리/물
보름달	Mar 23 2016	12:01	천칭자리/공기	파종달	Sep 20 2016	01:13	황소자리/흙
파종달	Mar 27 2016	15:30	전갈자리/흙	하현달	Sep 23 2016	09:57	게자리/물
하현달	Mar 31 2016	15:17	염소자리/흙	잔월	Sep 27 2016	01:39	사자자리/불
잔월	Apr 4 2016	05:34	물병자리/공기	블랙문	Oct 1 2016	00:12	천칭자리/공기
블랙문	Apr 7 2016	11:24	양자리/불	초승달	Oct 5 2016	02:59	전갈자리/흙
초승달	Apr 10 2016	16:07	쌍둥이자리/공기	상현달	Oct 9 2016	04:33	염소자리/흙
상현달	Apr 14 2016	04:00	게자리/물	철월	Oct 12 2016	21:19	물고기자리/물
철월	Apr 18 2016	02:09	처녀자리/흙	보름달	Oct 16 2016	04:23	양자리/불
보름달	Apr 22 2016	05:24	전갈자리/흙	파종달	Oct 19 2016	08:50	쌍둥이자리/공기
파종달	Apr 26 2016	07:20	궁수자리/불	하현달	Oct 22 2016	19:14	게자리/물
하현달	Apr 30 2016	03:29	물병자리/공기	잔월	Oct 26 2016	15:25	처녀자리/흙
				블랙문	Oct 30 2016	17:39	전갈자리/흙
잔월	May 3 2016	14:46	물고기자리/물				
블랙문	May 6 2016	19:30	황소자리/흙	초승달	Nov 3 2016	20:50	궁수자리/불
초승달	May 10 2016	01:32	게자리/물	상현달	Nov 7 2016	19:52	물병자리/공기
상현달	May 13 2016	17:03	사자자리/불	철월	Nov 11 2016	09:05	양자리/불
철월	May 17 2016	18:27	천칭자리/공기	보름달	Nov 14 2016	13:52	황소자리/흙
보름달	May 21 2016	21:15	궁수자리/불	파종달	Nov 17 2016	18:43	게자리/물
파종달	May 25 2016	19:44	염소자리/흙	하현달	Nov 21 2016	08:34	사자자리/불
하현달	May 29 2016	12:12	물고기자리/물	잔월	Nov 25 2016	08:48	천칭자리/공기
				블랙문	Nov 29 2016	12:19	궁수자리/불
잔월	June 1 2016	21:35	양자리/불				
블랙문	June 5 2016	03:00	쌍둥이자리/공기	초승달	Dec 3 2016	13:35	염소자리/흙
초승달	June 8 2016	12:20	사자자리/불	상현달	Dec 7 2016	09:03	물고기자리/물
상현달	June 12 2016	08:10	처녀자리/흙	철월	Dec 10 2016	19:28	황소자리/흙
철월	June 16 2016	11:01	전갈자리/흙	보름달	Dec 14 2016	00:06	쌍둥이자리/공기
보름달	June 20 2016	11:02	궁수자리/불	파종달	Dec 17 2016	07:43	사자자리/불
파종달	June 24 2016	05:11	물병자리/공기	하현달	Dec 21 2016	01:56	처녀자리/흙
하현달	June 27 2016	18:18	양자리/불	잔월	Dec 25 2016	04:42	전갈자리/흙
				블랙문	Dec 29 2016	06:54	염소자리/흙

MOON TABLES 2017

상	날짜	그리니치평균시	궁위/원소	상	날짜	그리니치평균시	궁위/원소
초승달	Jan 2 2017	04:19	물병자리/공기	상현달	Jul 1 2017	00:52	전갈자리/흙
상현달	Jan 5 2017	19:47	양자리/불	철월	Jul 5 2017	01:35	전갈자리/흙
철월	Jan 9 2017	04:49	쌍둥이자리/공기	보름달	Jul 9 2017	04:07	염소자리/흙
보름달	Jan 12 2017	11:34	게자리/물	파종달	Jul 13 2017	03:08	물고기자리/물
파종달	Jan 15 2017	23:47	처녀자리/흙	하현달	Jul 16 2017	19:26	양자리/불
하현달	Jan 19 2017	22:14	전갈자리/흙	잔월	Jul 20 2017	04:10	쌍둥이자리/공기
잔월	Jan 24 2017	01:25	궁수자리/불	블랙문	Jul 23 2017	09:45	사자자리/불
블랙문	Jan 28 2017	00:08	물병자리/공기	상현달	Jul 26 2017	19:43	처녀자리/흙
초승달	Jan 31 2017	16:29	물고기자리/물	상현달	Jul 30 2017	15:24	전갈자리/흙
상현달	Feb 4 2017	04:19	황소자리/흙	철월	Aug 3 2017	17:43	궁수자리/불
철월	Feb 7 2017	13:43	게자리/물	보름달	Aug 7 2017	18:11	물병자리/공기
보름달	Feb 11 2017	00:33	사자자리/불	파종달	Aug 11 2017	12:39	양자리/불
파종달	Feb 14 2017	18:05	전칭자리/공기	하현달	Aug 15 2017	01:16	황소자리/흙
하현달	Feb 18 2017	19:34	궁수자리/불	잔월	Aug 18 2017	09:51	게자리/물
잔월	Feb 22 2017	21:09	염소자리/흙	블랙문	Aug 21 2017	18:30	사자자리/불
블랙문	Feb 26 2017	14:59	물고기자리/물	초승달	Aug 25 2017	08:57	전칭자리/공기
				상현달	Aug 29 2017	08:13	궁수자리/불
초승달	Mar 2 2017	02:08	양자리/불				
상현달	Mar 5 2017	11:32	쌍둥이자리/공기	철월	Sep 2 2017	10:35	염소자리/흙
철월	Mar 8 2017	23:01	사자자리/불	보름달	Sep 6 2017	07:03	물고기자리/물
보름달	Mar 12 2017	14:54	처녀자리/흙	파종달	Sep 9 2017	20:24	황소자리/흙
파종달	Mar 16 2017	13:11	전갈자리/흙	하현달	Sep 13 2017	06:24	쌍둥이자리/공기
하현달	Mar 20 2017	15:59	염소자리/흙	진월	Sep 16 2017	16:32	사자자리/불
잔월	Mar 24 2017	14:24	물병자리/공기	블랙문	Sep 20 2017	05:30	처녀자리/흙
블랙문	Mar 28 2017	02:58	양자리/불	초승달	Sep 24 2017	00:48	전갈자리/흙
초승달	Mar 31 2017	09:56	황소자리/흙	상현달	Sep 28 2017	02:54	염소자리/흙
상현달	Apr 3 2017	18:40	게자리/물	철월	Oct 2 2017	03:25	물병자리/공기
철월	Apr 7 2017	09:25	처녀자리/흙	보름달	Oct 5 2017	18:41	양자리/불
보름달	Apr 11 2017	06:09	전칭자리/공기	파종달	Oct 9 2017	03:27	쌍둥이자리/공기
파종달	Apr 15 2017	07:42	궁수자리/불	하현달	Oct 12 2017	12:26	게자리/물
하현달	Apr 19 2017	09:57	염소자리/흙	잔월	Oct 16 2017	01:24	처녀자리/흙
잔월	Apr 23 2017	04:15	물고기자리/물	블랙문	Oct 19 2017	19:13	전칭자리/공기
블랙문	Apr 26 2017	12:17	황소자리/흙	초승달	Oct 23 2017	19:01	궁수자리/불
초승달	Apr 29 2017	16:56	쌍둥이자리/공기	상현달	Oct 27 2017	22:23	물병자리/공기
				철월	Oct 31 2017	19:16	물고기자리/물
상현달	May 3 2017	02:47	사자자리/불				
철월	May 6 2017	21:17	전칭자리/공기	보름달	Nov 4 2017	05:23	황소자리/흙
보름달	May 10 2017	21:43	전갈자리/흙	파종달	Nov 7 2017	11:06	게자리/물
파종달	May 15 2017	00:35	염소자리/흙	하현달	Nov 10 2017	20:37	사자자리/불
하현달	May 19 2017	00:33	물병자리/공기	잔월	Nov 14 2017	13:13	전칭자리/공기
잔월	May 22 2017	14:37	양자리/불	블랙문	Nov 18 2017	11:43	전갈자리/흙
블랙문	May 25 2017	19:45	쌍둥이자리/공기	초승달	Nov 22 2017	14:45	염소자리/흙
초승달	May 29 2017	00:19	게자리/물	상현달	Nov 26 2017	17:03	물고기자리/물
				철월	Nov 30 2017	09:27	양자리/불
상현달	Jun 1 2017	12:43	처녀자리/흙				
철월	Jun 5 2017	10:42	전칭자리/공기	보름달	Dec 3 2017	15:47	쌍둥이자리/공기
보름달	Jun 9 2017	13:10	궁수자리/불	파종달	Dec 6 2017	20:28	게자리/물
파종달	Jun 13 2017	15:10	물병자리/공기	하현달	Dec 10 2017	07:52	처녀자리/흙
하현달	Jun 17 2017	11:33	물고기자리/물	잔월	Dec 14 2017	04:20	전갈자리/흙
잔월	Jun 20 2017	22:13	황소자리/흙	블랙문	Dec 18 2017	06:31	SAG/FIE
블랙문	Jun 24 2017	02:30	게자리/물	초승달	Dec 22 2017	10:19	물병자리/공기
초승달	Jun 27 2017	09:00	사자자리/불	상현달	Dec 26 2017	09:21	양자리/불
				철월	Dec 29 2017	21:43	황소자리/흙

MOON TABLES 2018

상	날짜	그리니치평균시	궁위/원소	상	날짜	그리니치평균시	궁위/원소
보름달	Jan 2 2018	02:24	게자리/물	파종달	Jul 2 2018	08:16	물병자리/공기
파종달	Jan 5 2018	08:04	사자자리/불	하현달	Jul 6 2018	07:51	양자리/불
하현달	Jan 8 2018	22:26	천칭자리/공기	잔월	Jul 9 2018	21:21	쌍둥이자리/공기
잔월	Jan 12 2018	22:29	궁수자리/불	블랙문	Jul 13 2018	02:48	게자리/물
블랙문	Jan 17 2018	02:18	염소자리/흙	초승달	Jul 16 2018	07:52	처녀자리/흙
초승달	Jan 21 2018	03:46	물고기자리/물	상현달	Jul 19 2018	19:53	천칭자리/공기
상현달	Jan 24 2018	22:21	황소자리/흙	철월	Jul 23 2018	17:23	궁수자리/불
철월	Jan 28 2018	08:12	쌍둥이자리/공기	보름달	Jul 27 2018	20:21	물병자리/공기
보름달	Jan 31 2018	13:27	사자자리/불	파종달	Jul 31 2018	22:31	물고기자리/물
파종달	Feb 3 2018	21:48	천칭자리/공기	하현달	Aug 4 2018	18:18	황소자리/흙
하현달	Feb 7 2018	15:54	전갈자리/흙	잔월	Aug 8 2018	05:01	게자리/물
잔월	Feb 11 2018	18:36	염소자리/흙	블랙문	Aug 11 2018	09:58	사자자리/불
블랙문	Feb 15 2018	21:06	물병자리/공기	초승달	Aug 14 2018	16:28	천칭자리/공기
초승달	Feb 19 2018	17:49	양자리/불	상현달	Aug 18 2018	07:49	전갈자리/흙
상현달	Feb 23 2018	08:10	쌍둥이자리/공기	철월	Aug 22 2018	08:49	염소자리/흙
철월	Feb 26 2018	17:17	게자리/물	보름달	Aug 26 2018	11:57	물고기자리/물
				파종달	Aug 30 2018	10:35	양자리/불
보름달	Mar 2 2018	00:52	처녀자리/흙				
파종달	Mar 5 2018	13:13	천칭자리/공기	하현달	Sep 3 2018	02:38	쌍둥이자리/공기
하현달	Mar 9 2018	11:20	궁수자리/불	잔월	Sep 6 2018	12:01	게자리/물
잔월	Mar 13 2018	14:45	물병자리/공기	블랙문	Sep 9 2018	18:02	처녀자리/흙
블랙문	Mar 17 2018	13:12	물고기자리/물	초승달	Sep 13 2018	03:36	전갈자리/흙
초승달	Mar 21 2018	04:21	황소자리/흙	상현달	Sep 16 2018	23:15	궁수자리/불
상현달	Mar 24 2018	15:35	게자리/물	철월	Sep 21 2018	02:25	물병자리/공기
철월	Mar 28 2018	01:30	사자자리/불	보름달	Sep 25 2018	02:53	양자리/불
보름달	Mar 31 2018	12:36	천칭자리/공기	파종달	Sep 28 2018	20:47	황소자리/흙
파종달	Apr 4 2018	05:47	전갈자리/흙	하현달	Oct 2 2018	09:46	게자리/물
하현달	Apr 8 2018	07:18	염소자리/흙	잔월	Oct 5 2018	19:09	사자자리/불
잔월	Apr 12 2018	09:00	물고기자리/물	블랙문	Oct 9 2018	03:47	천칭자리/공기
블랙문	Apr 16 2018	01:58	양자리/불	초승달	Oct 12 2018	17:59	궁수자리/불
초승달	Apr 19 2018	12:14	쌍둥이자리/공기	상현달	Oct 16 2018	18:02	염소자리/흙
상현달	Apr 22 2018	21:46	사자자리/불	철월	Oct 20 2018	20:58	물고기자리/물
철월	Apr 26 2018	09:31	처녀자리/흙	보름달	Oct 24 2018	16:46	황소자리/흙
보름달	Apr 30 2018	00:59	전갈자리/흙	파종달	Oct 28 2018	05:52	쌍둥이자리/공기
				하현달	Oct 31 2018	16:40	사자자리/불
파종달	May 3 2018	23:01	궁수자리/불				
하현달	May 8 2018	02:09	물병자리/공기	잔월	Nov 4 2018	03:15	처녀자리/흙
잔월	May 12 2018	00:08	양자리/불	블랙문	Nov 7 2018	16:01	전갈자리/흙
블랙문	May 15 2018	11:48	황소자리/흙	초승달	Nov 11 2018	11:48	염소자리/흙
초승달	May 18 2018	18:41	게자리/물	상현달	Nov 15 2018	14:55	물병자리/공기
상현달	May 22 2018	03:50	처녀자리/흙	철월	Nov 19 2018	15:07	양자리/불
철월	May 25 2018	18:14	천칭자리/공기	보름달	Nov 23 2018	05:40	쌍둥이자리/공기
보름달	May 29 2018	14:20	궁수자리/불	파종달	Nov 27 2018	14:43	게자리/물
				하현달	Nov 30 2018	00:19	처녀자리/흙
파종달	Jun 2 2018	16:09	염소자리/흙				
하현달	Jun 6 2018	18:32	물고기자리/물	잔월	Dec 3 2018	13:19	천칭자리/공기
잔월	Jun 10 2018	12:02	황소자리/흙	블랙문	Dec 7 2018	07:21	궁수자리/불
블랙문	Jun 13 2018	19:43	쌍둥이자리/공기	초승달	Dec 11 2018	08:13	물병자리/공기
초승달	Jun 17 2018	00:53	사자자리/불	상현달	Dec 15 2018	11:50	물고기자리/물
상현달	Jun 20 2018	10:51	처녀자리/흙	철월	Dec 19 2018	07:53	황소자리/흙
철월	Jun 24 2018	04:36	전갈자리/흙	보름달	Dec 22 2018	17:49	게자리/물
보름달	Jun 28 2018	04:53	염소자리/흙	파종달	Dec 26 2018	00:00	사자자리/불
				하현달	Dec 29 2018	09:35	천칭자리/공기

MOON TABLES 2019

상	날짜	그리니치평균시	궁위/원소	상	날짜	그리니치평균시	궁위/원소
잔월	Jan 2 2019	02:07	전갈자리/흙	블랙문	Jul 2 2019	19:17	게자리/물
블랙문	Jan 6 2019	01:29	염소자리/흙	초승달	Jul 6 2019	02:24	사자자리/불
초승달	Jan 10 2019	05:12	물고기자리/물	상현달	Jul 9 2019	10:55	천칭자리/공기
상현달	Jan 14 2019	06:46	양자리/불	철월	Jul 13 2019	00:58	궁수자리/불
철월	Jan 17 2019	22:35	쌍둥이자리/공기	보름달	Jul 16 2019	21:39	염소자리/흙
보름달	Jan 21 2019	05:17	사자자리/불	파종달	Jul 20 2019	23:34	물고기자리/물
파종달	Jan 24 2019	10:08	처녀자리/흙	하현달	Jul 25 2019	01:18	황소자리/흙
하현달	Jan 27 2019	21:11	전갈자리/흙	잔월	Jul 28 2019	18:59	쌍둥이자리/공기
잔월	Jan 31 2019	18:00	궁수자리/불				
				블랙문	Aug 1 2019	03:11	사자자리/불
블랙문	Feb 4 2019	21:04	물병자리/공기	초승달	Aug 4 2019	08:07	처녀자리/흙
초승달	Feb 9 2019	00:27	양자리/불	상현달	Aug 7 2019	17:31	전갈자리/흙
상현달	Feb 12 2019	22:27	황소자리/흙	철월	Aug 11 2019	11:39	염소자리/흙
철월	Feb 16 2019	10:53	게자리/물	보름달	Aug 15 2019	12:30	물병자리/공기
보름달	Feb 19 2019	15:53	처녀자리/흙	파종달	Aug 19 2019	15:28	양자리/불
파종달	Feb 22 2019	21:18	천칭자리/공기	하현달	Aug 23 2019	14:57	쌍둥이자리/공기
하현달	Feb 26 2019	11:28	궁수자리/불	잔월	Aug 27 2019	05:06	게자리/물
				블랙문	Aug 30 2019	10:38	처녀자리/흙
잔월	Mar 2 2019	12:14	염소자리/흙				
블랙문	Mar 6 2019	16:04	물고기자리/물	초승달	Sep 2 2019	15:06	천칭자리/공기
초승달	Mar 10 2019	16:24	황소자리/흙	상현달	Sep 6 2019	03:11	궁수자리/불
상현달	Mar 14 2019	10:28	쌍둥이자리/공기	철월	Sep 10 2019	01:33	물병자리/공기
철월	Mar 17 2019	20:37	사자자리/불	보름달	Sep 14 2019	04:33	물고기자리/물
보름달	Mar 21 2019	01:43	천칭자리/공기	파종달	Sep 18 2019	06:20	황소자리/흙
파종달	Mar 24 2019	09:43	전갈자리/흙	하현달	Sep 22 2019	02:40	쌍둥이자리/공기
하현달	Mar 28 2019	04:10	염소자리/흙	잔월	Sep 25 2019	13:56	사자자리/불
				블랙문	Sep 28 2019	18:27	천칭자리/공기
잔월	Apr 1 2019	07:15	물병자리/공기				
블랙문	Apr 5 2019	08:51	양자리/불	초승달	Oct 2 2019	00:40	전갈자리/흙
초승달	Apr 9 2019	04:42	쌍둥이자리/공기	상현달	Oct 5 2019	16:48	염소자리/흙
상현달	Apr 12 2019	19:06	게자리/물	철월	Oct 9 2019	18:28	물고기자리/물
철월	Apr 16 2019	04:09	처녀자리/흙	보름달	Oct 13 2019	21:08	양자리/불
보름달	Apr 19 2019	11:13	천칭자리/공기	파종달	Oct 17 2019	19:52	쌍둥이자리/공기
파종달	Apr 22 2019	23:35	궁수자리/불	하현달	Oct 21 2019	12:40	게자리/물
하현달	Apr 26 2019	22:19	물병자리/공기	잔월	Oct 24 2019	22:02	처녀자리/흙
				블랙문	Oct 28 2019	03:38	전갈자리/흙
잔월	May 1 2019	01:18	물고기자리/물	초승달	Oct 31 2019	13:42	궁수자리/불
블랙문	May 4 2019	22:46	황소자리/흙				
초승달	May 8 2019	13:51	게자리/물	상현달	Nov 4 2019	10:24	물병자리/공기
상현달	May 12 2019	01:13	사자자리/불	철월	Nov 8 2019	13:30	양자리/불
철월	May 15 2019	10:30	천칭자리/공기	보름달	Nov 12 2019	13:35	황소자리/흙
보름달	May 18 2019	21:12	전갈자리/흙	파종달	Nov 16 2019	07:55	게자리/물
파종달	May 22 2019	14:53	염소자리/흙	하현달	Nov 19 2019	21:11	사자자리/불
하현달	May 26 2019	16:34	물고기자리/물	잔월	Nov 23 2019	06:14	천칭자리/공기
잔월	May 30 2019	17:22	양자리/불	블랙문	Nov 26 2019	15:05	궁수자리/불
				초승달	Nov 30 2019	06:25	염소자리/흙
블랙문	Jun 3 2019	10:02	쌍둥이자리/공기				
초승달	Jun 6 2019	20:43	사자자리/불	상현달	Dec 4 2019	06:59	물고기자리/물
상현달	Jun 10 2019	06:00	처녀자리/흙	철월	Dec 8 2019	09:24	황소자리/흙
철월	Jun 13 2019	16:57	전갈자리/흙	보름달	Dec 12 2019	05:13	쌍둥이자리/공기
보름달	Jun 17 2019	08:31	궁수자리/불	파종달	Dec 15 2019	18:32	사자자리/불
파종달	Jun 21 2019	07:07	물병자리/공기	하현달	Dec 19 2019	04:58	처녀자리/흙
하현달	Jun 25 2019	09:47	양자리/불	잔월	Dec 22 2019	15:26	전갈자리/흙
잔월	Jun 29 2019	07:12	황소자리/흙	블랙문	Dec 26 2019	05:13	염소자리/흙
				초승달	Dec 30 2019	01:58	물병자리/공기

MOON TABLES 2020

상	날짜	그리니치평균시	궁위/원소	상	날짜	그리니치평균시	궁위원소
상현달	Jan 3 2020	04:46	양자리/불	철월	Jul 1 2020	17:26	전갈자리/흙
철월	Jan 7 2020	04:40	쌍둥이자리/공기	보름달	Jul 5 2020	04:44	염소자리/흙
보름달	Jan 10 2020	19:22	게자리/물	파종달	Jul 8 2020	22:26	물고기자리/물
파종달	Jan 14 2020	04:00	처녀자리/흙	하현달	Jul 12 2020	23:29	양자리/불
하현달	Jan 17 2020	12:59	전갈자리/공기	잔월	Jul 17 2020	00:32	쌍둥이자리/공기
잔월	Jan 21 2020	02:29	궁수자리/불	블랙문	Jul 20 2020	17:33	게자리/물
블랙문	Jan 24 2020	21:42	물병자리/공기	초승달	Jul 24 2020	03:42	처녀자리/흙
초승달	Jan 28 2020	22:39	물고기자리/물	상현달	Jul 27 2020	12:33	전갈자리/흙
				철월	Jul 31 2020	00:02	궁수자리/불
상현달	Feb 2 2020	01:42	황소자리/흙				
철월	Feb 5 2020	21:49	게자리/물	보름달	Aug 3 2020	15:59	물병자리/공기
보름달	Feb 9 2020	07:33	사자자리/불	파종달	Aug 7 2020	14:07	양자리/불
파종달	Feb 12 2020	12:57	전갈자리/공기	하현달	Aug 11 2020	16:45	황소자리/흙
하현달	Feb 15 2020	22:18	전갈자리/흙	잔월	Aug 15 2020	14:48	게자리/물
잔월	Feb 19 2020	15:45	염소자리/흙	블랙문	Aug 19 2020	02:41	사자자리/불
블랙문	Feb 23 2020	15:32	물고기자리/물	초승달	Aug 22 2020	09:14	천칭자리/공기
초승달	Feb 27 2020	18:38	양자리/불	상현달	Aug 25 2020	17:58	궁수자리/불
				철월	Aug 29 2020	08:47	염소자리/흙
상현달	Mar 2 2020	19:58	쌍둥이자리/공기				
철월	Mar 6 2020	11:48	사자자리/불	보름달	Sep 2 2020	05:22	물고기자리/물
보름달	Mar 9 2020	17:48	처녀자리/흙	파종달	Sep 6 2020	07:00	양자리/불
파종달	Mar 12 2020	22:05	전갈자리/흙	하현달	Sep 10 2020	09:26	쌍둥이자리/공기
하현달	Mar 16 2020	09:35	궁수자리/불	잔월	Sep 14 2020	03:24	사자자리/불
잔월	Mar 20 2020	06:58	물병자리/공기	블랙문	Sep 17 2020	11:00	처녀자리/흙
블랙문	Mar 24 2020	09:29	양자리/불	초승달	Sep 20 2020	15:44	전갈자리/흙
초승달	Mar 28 2020	12:19	황소자리/흙	상현달	Sep 24 2020	01:55	염소자리/흙
				철월	Sep 27 2020	20:33	물병자리/공기
상현달	Apr 1 2020	10:22	게자리/물				
철월	Apr 4 2020	22:18	처녀자리/흙	보름달	Oct 1 2020	21:06	양자리/불
보름달	Apr 8 2020	02:36	전갈자리/공기	파종달	Oct 6 2020	00:26	황소자리/흙
파종달	Apr 11 2020	08:06	궁수자리/불	하현달	Oct 10 2020	00:40	게자리/물
하현달	Apr 14 2020	22:57	염소자리/흙	잔월	Oct 13 2020	14:29	처녀자리/흙
잔월	Apr 18 2020	23:24	물고기자리/물	블랙문	Oct 16 2020	19:31	천칭자리/공기
블랙문	Apr 23 2020	02:26	황소자리/흙	초승달	Oct 20 2020	00:29	궁수자리/불
초승달	Apr 27 2020	02:46	쌍둥이자리/공기	상현달	Oct 23 2020	13:23	물병자리/공기
상현달	Apr 30 2020	20:39	사자자리/불	철월	Oct 27 2020	11:48	물고기자리/물
				보름달	Oct 31 2020	14:50	황소자리/흙
철월	May 4 2020	05:56	처녀자리/흙				
보름달	May 7 2020	10:45	전갈자리/흙	파종달	Nov 4 2020	17:20	쌍둥이자리/공기
파종달	May 10 2020	19:24	염소자리/흙	하현달	Nov 8 2020	13:47	사자자리/불
하현달	May 14 2020	14:03	물병자리/공기	잔월	Nov 12 2020	00:26	천칭자리/공기
잔월	May 18 2020	16:16	양자리/불	블랙문	Nov 15 2020	05:07	전갈자리/흙
블랙문	May 22 2020	17:39	쌍둥이자리/공기	초승달	Nov 18 2020	12:13	염소자리/흙
초승달	May 26 2020	13:45	게자리/물	상현달	Nov 22 2020	04:45	물고기자리/물
상현달	May 30 2020	03:30	처녀자리/흙	철월	Nov 26 2020	06:20	양자리/불
				보름달	Nov 30 2020	09:30	쌍둥이자리/공기
철월	Jun 2 2020	11:50	전갈자리/공기				
보름달	Jun 5 2020	19:13	궁수자리/불	파종달	Dec 4 2020	08:28	게자리/물
파종달	Jun 9 2020	08:10	물병자리/공기	하현달	Dec 8 2020	00:36	처녀자리/흙
하현달	Jun 13 2020	06:24	물고기자리/물	잔월	Dec 11 2020	09:51	전갈자리/흙
잔월	Jun 17 2020	08:51	황소자리/흙	블랙문	Dec 14 2020	16:17	궁수자리/불
블랙문	Jun 21 2020	06:42	게자리/물	초승달	Dec 18 2020	03:02	물병자리/공기
초승달	Jun 24 2020	21:42	사자자리/불	상현달	Dec 21 2020	23:42	양자리/불
상현달	Jun 28 2020	08:16	전갈자리/공기	철월	Dec 26 2020	03:03	황소자리/흙
				보름달	Dec 30 2020	03:29	게자리/물

MOON TABLES 2021

상	날짜	그리니치평균시	궁위/원소	상	날짜	그리니치평균시	궁위원소
파종달	Jan 2 2021	21:07	사자자리/불	하현달	Jul 1 2021	21:11	양자리/불
하현달	Jan 6 2021	09:37	천칭자리/공기	잔월	Jul 5 2021	23:40	황소자리/흙
잔월	Jan 9 2021	19:12	궁수자리/불	블랙문	Jul 10 2021	01:17	게자리/물
블랙문	Jan 13 2021	05:01	염소자리/흙	초승달	Jul 13 2021	20:41	처녀자리/흙
초승달	Jan 16 2021	20:30	물고기자리/물	상현달	Jul 17 2021	10:11	천칭자리/공기
상현달	Jan 20 2021	21:02	황소자리/흙	철월	Jul 20 2021	19:06	궁수자리/불
철월	Jan 24 2021	23:54	쌍둥이자리/공기	보름달	Jul 24 2021	02:37	물병자리/공기
보름달	Jan 28 2021	19:16	사자자리/불	파종달	Jul 27 2021	15:01	물고기자리/물
				하현달	Jul 31 2021	13:16	황소자리/흙
파종달	Feb 1 2021	07:26	처녀자리/흙				
하현달	Feb 4 2021	17:37	전갈자리/흙	잔월	Aug 4 2021	16:19	쌍둥이자리/공기
잔월	Feb 8 2021	04:55	염소자리/흙	블랙문	Aug 8 2021	13:51	사자자리/불
블랙문	Feb 11 2021	19:06	물병자리/공기	초승달	Aug 12 2021	04:19	천칭자리/공기
초승달	Feb 15 2021	15:40	양자리/불	상현달	Aug 15 2021	15:20	전갈자리/흙
상현달	Feb 19 2021	18:48	쌍둥이자리/공기	철월	Aug 19 2021	01:03	염소자리/흙
철월	Feb 23 2021	18:41	게자리/물	보름달	Aug 22 2021	12:02	물병자리/공기
보름달	Feb 27 2021	08:18	처녀자리/흙	파종달	Aug 26 2021	05:27	양자리/불
				하현달	Aug 30 2021	07:14	쌍둥이자리/공기
파종달	Mar 2 2021	16:11	천칭자리/공기				
하현달	Mar 6 2021	01:30	궁수자리/불	잔월	Sep 3 2021	08:29	게자리/물
잔월	Mar 9 2021	15:26	물병자리/공기	블랙문	Sep 7 2021	00:52	처녀자리/흙
블랙문	Mar 13 2021	10:22	물고기자리/물	초승달	Sep 10 2021	11:04	전갈자리/흙
초승달	Mar 17 2021	11:21	황소자리/흙	상현달	Sep 13 2021	20:40	궁수자리/불
상현달	Mar 21 2021	14:41	게자리/물	철월	Sep 17 2021	08:19	물병자리/공기
철월	Mar 25 2021	10:00	사자자리/불	보름달	Sep 20 2021	23:55	물고기자리/물
보름달	Mar 28 2021	18:48	천칭자리/공기	파종달	Sep 24 2021	22:33	황소자리/흙
				하현달	Sep 29 2021	01:58	게자리/물
파종달	Apr 1 2021	00:14	전갈자리/흙				
하현달	Apr 4 2021	10:02	염소자리/흙	잔월	Oct 2 2021	23:35	사자자리/불
잔월	Apr 8 2021	03:09	물고기자리/물	블랙문	Oct 6 2021	11:06	천칭자리/공기
블랙문	Apr 12 2021	02:31	양자리/불	초승달	Oct 9 2021	18:08	궁수자리/불
초승달	Apr 16 2021	05:58	쌍둥이자리/공기	상현달	Oct 13 2021	03:26	염소자리/흙
상현달	Apr 20 2021	06:59	사자자리/불	철월	Oct 16 2021	18:06	물고기자리/물
철월	Apr 23 2021	21:44	처녀자리/흙	보름달	Oct 20 2021	14:57	양자리/불
보름달	Apr 27 2021	03:31	전갈자리/흙	파종달	Oct 24 2021	17:33	쌍둥이자리/공기
파종달	Apr 30 2021	08:23	궁수자리/불	하현달	Oct 28 2021	20:06	사자자리/불
하현달	May 3 2021	19:50	물병자리/공기	잔월	Nov 1 2021	13:29	처녀자리/흙
잔월	May 7 2021	16:28	양자리/불	블랙문	Nov 4 2021	21:15	전갈자리/흙
블랙문	May 11 2021	19:00	황소자리/흙	초승달	Nov 8 2021	02:32	염소자리/흙
초승달	May 15 2021	22:04	게자리/물	상현달	Nov 11 2021	12:46	물병자리/공기
상현달	May 19 2021	19:13	사자자리/불	철월	Nov 15 2021	07:28	양자리/불
철월	May 23 2021	06:30	천칭자리/공기	보름달	Nov 19 2021	08:58	황소자리/흙
보름달	May 26 2021	11:14	궁수자리/불	파종달	Nov 23 2021	12:51	게자리/물
파종달	May 29 2021	17:08	염소자리/흙	하현달	Nov 27 2021	12:28	처녀자리/흙
하현달	Jun 2 2021	07:25	물고기자리/물	잔월	Dec 1 2021	02:08	천칭자리/공기
잔월	Jun 6 2021	07:26	황소자리/흙	블랙문	Dec 4 2021	07:43	궁수자리/불
블랙문	Jun 10 2021	10:53	쌍둥이자리/공기	초승달	Dec 7 2021	12:51	물병자리/공기
초승달	Jun 14 2021	10:54	사자자리/불	상현달	Dec 11 2021	01:36	물고기자리/물
상현달	Jun 18 2021	03:55	처녀자리/흙	철월	Dec 15 2021	00:41	황소자리/흙
철월	Jun 21 2021	13:16	전갈자리/흙	보름달	Dec 19 2021	04:36	쌍둥이자리/공기
보름달	Jun 24 2021	18:39	염소자리/흙	파종달	Dec 23 2021	06:37	사자자리/불
파종달	Jun 28 2021	03:07	물병자리/공기	하현달	Dec 27 2021	02:24	천칭자리/공기
				잔월	Dec 30 2021	13:29	전갈자리/흙

MOON TABLES 2022

상	날짜	그리니치평균시	궁위/원소	상	날짜	그리니치평균시	궁위/원소
블랙문	Jan 2 2022	18:33	염소자리/흙	초승달	Jul 3 2022	05:12	사자자리/불
초승달	Jan 6 2022	01:27	물고기자리/물	상현달	Jul 7 2022	02:15	천칭자리/공기
상현달	Jan 9 2022	18:12	양자리/불	철월	Jul 10 2022	14:03	궁수자리/불
철월	Jan 13 2022	20:45	쌍둥이자리/공기	보름달	Jul 13 2022	18:38	염소자리/흙
보름달	Jan 17 2022	23:49	게자리/물	파종달	Jul 16 2022	23:56	물고기자리/물
파종달	Jan 21 2022	21:42	처녀자리/흙	하현달	Jul 20 2022	14:19	양자리/불
하현달	Jan 25 2022	13:40	전갈자리/흙	잔월	Jul 24 2022	14:53	쌍둥이자리/공기
잔월	Jan 28 2022	23:23	궁수자리/불	블랙문	Jul 28 2022	17:55	사자자리/불
블랙문	Feb 1 2022	05:45	물병자리/공기	초승달	Aug 1 2022	17:33	저녀자리/흙
초승달	Feb 4 2022	16:26	양자리/불	상현달	Aug 5 2022	11:07	전갈자리/흙
상현달	Feb 8 2022	13:50	황소자리/흙	철월	Aug 8 2022	20:45	염소자리/흙
철월	Feb 12 2022	17:34	게자리/물	보름달	Aug 12 2022	01:36	물병자리/공기
보름달	Feb 16 2022	16:57	사자자리/불	파종달	Aug 15 2022	09:52	양자리/불
파종달	Feb 20 2022	09:50	전칭자리/흙	하현달	Aug 19 2022	04:36	황소자리/흙
하현달	Feb 23 2022	22:32	궁수자리/불	잔월	Aug 23 2022	07:15	게자리/물
잔월	Feb 27 2022	08:06	염소자리/흙	블랙문	Aug 27 2022	08:17	저녀자리/흙
블랙문	Mar 2 2022	17:35	물고기자리/물	초승달	Aug 31 2022	03:58	천칭자리/공기
초승달	Mar 6 2022	09:30	황소자리/흙	상현달	Sep 3 2022	18:08	궁수자리/불
상현달	Mar 10 2022	10:46	쌍둥이자리/공기	철월	Sep 7 2022	02:51	염소자리/흙
철월	Mar 14 2022	12:57	사자자리/불	보름달	Sep 10 2022	09:59	물고기자리/물
보름달	Mar 18 2022	07:18	처녀자리/흙	파종달	Sep 13 2022	22:55	황소자리/흙
파종달	Mar 21 2022	19:25	전갈자리/흙	하현달	Sep 17 2022	21:52	쌍둥이자리/공기
하현달	Mar 25 2022	05:38	염소자리/흙	잔월	Sep 22 2022	00:34	사자자리/불
잔월	Mar 28 2022	16:20	물병자리/공기	블랙문	Sep 25 2022	21:55	천칭자리/공기
				초승달	Sep 29 2022	13:00	전갈자리/흙
블랙문	Apr 1 2022	06:25	양자리/불				
초승달	Apr 5 2022	03:46	쌍둥이자리/공기	상현달	Oct 3 2022	00:14	염소자리/흙
상현달	Apr 9 2022	06:48	게자리/물	철월	Oct 6 2022	09:37	물병자리/공기
철월	Apr 13 2022	05:34	처녀자리/흙	보름달	Oct 9 2022	20:55	양자리/불
보름달	Apr 16 2022	18:55	전칭자리/공기	파종달	Oct 13 2022	15:19	쌍둥이자리/공기
파종달	Apr 20 2022	03:05	궁수자리/불	하현달	Oct 17 2022	17:15	게자리/물
하현달	Apr 23 2022	11:56	물병자리/공기	잔월	Oct 21 2022	18:07	처녀자리/흙
잔월	Apr 27 2022	01:10	물고기자리/물	블랙문	Oct 25 2022	10:49	전갈자리/흙
블랙문	Apr 30 2022	20:28	황소자리/흙	초승달	Oct 28 2022	21:20	궁수자리/불
초승달	May 4 2022	21:54	쌍둥이자리/공기	상현달	Nov 1 2022	06:36	물병자리/공기
상현달	May 9 2022	00:22	사자자리/불	철월	Nov 4 2022	18:22	물고기자리/물
철월	May 12 2022	19:05	전칭자리/공기	보름달	Nov 8 2022	11:03	황소자리/흙
보름달	May 16 2022	04:15	전갈자리/흙	파종달	Nov 12 2022	10:23	게자리/물
파종달	May 19 2022	09:42	염소자리/흙	하현달	Nov 16 2022	13:27	사자자리/불
하현달	May 22 2022	18:43	물고기자리/물	잔월	Nov 20 2022	11:08	천칭자리/공기
잔월	May 26 2022	11:36	양자리/불	블랙문	Nov 23 2022	22:58	궁수자리/불
블랙문	May 30 2022	11:31	쌍둥이자리/공기	초승달	Nov 27 2022	05:41	염소자리/흙
				상현달	Nov 30 2022	14:37	물고기자리/물
초승달	Jun 3 2022	14:37	게자리/물				
상현달	Jun 7 2022	14:49	처녀자리/흙	철월	Dec 4 2022	06:08	양자리/불
철월	Jun 11 2022	05:44	전갈자리/흙	보름달	Dec 8 2022	04:09	쌍둥이자리/공기
보름달	Jun 14 2022	11:51	궁수자리/불	파종달	Dec 12 2022	06:41	사자자리/불
파종달	Jun 17 2022	16:16	물병자리/공기	하현달	Dec 16 2022	08:56	처녀자리/흙
하현달	Jun 21 2022	03:10	물고기자리/물	잔월	Dec 20 2022	02:40	전갈자리/흙
잔월	Jun 25 2022	00:10	황소자리/흙	블랙문	Dec 23 2022	10:17	염소자리/흙
블랙문	Jun 29 2022	02:53	게자리/물	초승달	Dec 26 2022	14:55	물병자리/공기
				상현달	Dec 30 2022	01:21	양자리/불

MOON TABLES 2023

상	날짜	그리니치평균시	궁위/원소	상	날짜	그리니치평균시	궁위원소
철월	Jan 2 2023	21:17	황소자리/흙	보름달	Jul 3 2023	11:39	염소자리/흙
보름달	Jan 6 2023	23:08	게자리/물	파종달	Jul 6 2023	16:31	물병자리/공기
파종달	Jan 11 2023	02:28	처녀자리/흙	하현달	Jul 10 2023	01:48	양자리/불
하현달	Jan 15 2023	02:11	천칭자리/공기	잔월	Jul 13 2023	19:06	쌍둥이자리/공기
잔월	Jan 18 2023	15:56	궁수자리/불	블랙문	Jul 17 2023	18:32	게자리/물
블랙문	Jan 21 2023	20:54	물병자리/공기	초승달	Jul 21 2023	21:21	처녀자리/흙
초승달	Jan 25 2023	01:42	물고기자리/물	상현달	Jul 25 2023	22:07	전갈자리/흙
상현달	Jan 28 2023	15:19	황소자리/흙	철월	Jul 29 2023	13:02	궁수자리/불
철월	Feb 1 2023	15:08	쌍둥이자리/공기	보름달	Aug 1 2023	18:32	물병자리/공기
보름달	Feb 5 2023	18:29	사자자리/불	파종달	Aug 4 2023	22:54	물고기자리/물
파종달	Feb 9 2023	20:08	전칭자리/공기	하현달	Aug 8 2023	10:29	황소자리/흙
하현달	Feb 13 2023	16:01	전갈자리/흙	잔월	Aug 12 2023	07:28	게자리/물
잔월	Feb 17 2023	02:34	염소자리/흙	블랙문	Aug 16 2023	09:39	사자자리/불
블랙문	Feb 20 2023	07:05	물고기자리/물	초승달	Aug 20 2023	12:24	전칭자리/공기
초승달	Feb 23 2023	14:28	양자리/불	상현달	Aug 24 2023	09:58	궁수자리/불
상현달	Feb 27 2023	08:06	쌍둥이자리/공기	철월	Aug 27 2023	21:19	염소자리/흙
				보름달	Aug 31 2023	01:35	물고기자리/물
철월	Mar 3 2023	10:20	게자리/물				
보름달	Mar 7 2023	12:41	처녀자리/흙	파종달	Sep 3 2023	07:27	양자리/불
파종달	Mar 11 2023	10:33	전갈자리/흙	하현달	Sep 6 2023	22:21	쌍둥이자리/공기
하현달	Mar 15 2023	02:09	궁수자리/불	잔월	Sep 10 2023	22:34	사자자리/불
잔월	Mar 18 2023	10:58	물병자리/공기	블랙문	Sep 15 2023	01:40	처녀자리/흙
블랙문	Mar 21 2023	17:23	양자리/불	초승달	Sep 19 2023	02:01	전갈자리/흙
초승달	Mar 25 2023	04:59	황소자리/흙	상현달	Sep 22 2023	19:32	궁수자리/불
상현달	Mar 29 2023	02:33	게자리/물	철월	Sep 26 2023	04:44	AQU/FIRE
				보름달	Sep 29 2023	09:58	양자리/불
철월	Apr 2 2023	05:24	사자자리/불				
보름달	Apr 6 2023	04:34	천칭자리/공기	파종달	Oct 2 2023	19:00	황소자리/흙
파종달	Apr 9 2023	21:25	궁수자리/불	하현달	Oct 6 2023	13:48	게자리/물
하현달	Apr 13 2023	09:11	염소자리/흙	잔월	Oct 10 2023	16:17	처녀자리/흙
잔월	Apr 16 2023	18:08	물고기자리/물	블랙문	Oct 14 2023	17:55	전칭자리/공기
블랙문	Apr 20 2023	04:13	양자리/불	초승달	Oct 18 2023	13:49	궁수자리/불
초승달	Apr 23 2023	20:43	쌍둥이자리/공기	상현달	Oct 22 2023	03:30	염소자리/흙
상현달	Apr 27 2023	21:20	사자자리/불	철월	Oct 25 2023	12:21	물고기자리/물
				보름달	Oct 28 2023	20:24	황소자리/흙
철월	May 1 2023	23:01	처녀자리/흙				
보름달	May 5 2023	17:34	전갈자리/흙	파종달	Nov 1 2023	09:49	쌍둥이자리/공기
파종달	May 9 2023	05:12	염소자리/흙	하현달	Nov 5 2023	08:37	사자자리/불
하현달	May 12 2023	14:29	물병자리/공기	잔월	Nov 9 2023	11:44	전칭자리/공기
잔월	May 16 2023	01:11	양자리/불	블랙문	Nov 13 2023	09:28	전갈자리/흙
블랙문	May 19 2023	15:54	황소자리/흙	초승달	Nov 16 2023	23:58	염소자리/흙
초승달	May 23 2023	13:01	게자리/물	상현달	Nov 20 2023	10:50	물병자리/공기
상현달	May 27 2023	15:23	처녀자리/흙	철월	Nov 23 2023	21:02	양자리/불
철월	May 31 2023	14:19	천칭자리/공기	보름달	Nov 27 2023	09:17	쌍둥이자리/공기
보름달	Jun 4 2023	03:41	궁수자리/불	파종달	Dec 1 2023	03:42	게자리/물
파종달	Jun 7 2023	11:06	물병자리/공기	하현달	Dec 5 2023	05:50	처녀자리/흙
하현달	Jun 10 2023	19:31	물고기자리/물	잔월	Dec 9 2023	07:17	전갈자리/흙
잔월	Jun 14 2023	09:13	황소자리/흙	블랙문	Dec 12 2023	23:32	궁수자리/불
블랙문	Jun 18 2023	04:37	쌍둥이자리/공기	초승달	Dec 16 2023	09:08	물병자리/공기
초승달	Jun 22 2023	05:23	사자자리/불	상현달	Dec 19 2023	18:40	물고기자리/물
상현달	Jun 26 2023	07:50	전칭자리/공기	철월	Dec 23 2023	07:29	황소자리/흙
철월	Jun 30 2023	02:56	전갈자리/흙	보름달	Dec 27 2023	00:34	게자리/물
				파종달	Dec 30 2023	23:51	사자자리/불

MOON TABLES 2024

상	날짜	그리니치평균시	궁위/원소	상	날짜	그리니치평균시	궁위원소
하현달	Jan 4 2024	03:31	천칭자리/공기	잔월	Jul 2 2024	08:49	황소자리/흙
잔월	Jan 8 2024	01:10	궁수자리/불	블랙문	Jul 5 2024	22:58	게자리/물
블랙문	Jan 11 2024	11:58	염소자리/흙	초승달	Jul 9 2024	19:54	처녀자리/흙
초승달	Jan 14 2024	18:13	물고기자리/물	상현달	Jul 13 2024	22:49	천칭자리/공기
상현달	Jan 18 2024	03:53	양자리/불	철월	Jul 17 2024	21:33	궁수자리/불
철월	Jan 21 2024	20:02	쌍둥이자리/공기	보름달	Jul 21 2024	10:17	염소자리/흙
보름달	Jan 25 2024	17:54	사자자리/불	파종달	Jul 24 2024	17:53	물고기자리/물
파종달	Jan 29 2024	20:44	처녀자리/흙	하현달	Jul 28 2024	02:52	황소자리/흙
				잔월	Jul 31 2024	16:18	쌍둥이자리/공기
하현달	Feb 2 2024	23:18	전갈자리/흙				
잔월	Feb 6 2024	16:11	염소자리/흙	블랙문	Aug 4 2024	11:13	사자자리/불
블랙문	Feb 9 2024	23:00	물병자리/공기	초승달	Aug 8 2024	12:29	천칭자리/공기
초승달	Feb 13 2024	03:56	양자리/불	상현달	Aug 12 2024	15:19	전갈자리/흙
상현달	Feb 16 2024	15:01	황소자리/흙	철월	Aug 16 2024	09:51	염소자리/흙
철월	Feb 20 2024	10:47	게자리/물	보름달	Aug 19 2024	18:25	물병자리/공기
보름달	Feb 24 2024	12:31	처녀자리/흙	파종달	Aug 22 2024	23:54	양자리/불
파종달	Feb 28 2024	16:15	전칭자리/공기	하현달	Aug 26 2024	09:26	쌍둥이자리/공기
				잔월	Aug 30 2024	02:18	게자리/물
하현달	Mar 3 2024	15:24	궁수자리/불				
잔월	Mar 7 2024	04:04	물병자리/공기	블랙문	Sep 3 2024	01:56	처녀자리/흙
블랙문	Mar 10 2024	09:00	물고기자리/물	초승달	Sep 7 2024	05:30	전갈자리/흙
초승달	Mar 13 2024	14:32	황소자리/흙	상현달	Sep 11 2024	06:05	궁수자리/불
상현달	Mar 17 2024	04:11	쌍둥이자리/공기	철월	Sep 14 2024	20:38	물병자리/공기
철월	Mar 21 2024	03:28	사자자리/불	보름달	Sep 18 2024	02:35	물고기자리/물
보름달	Mar 25 2024	07:01	천칭자리/공기	파종달	Sep 21 2024	07:27	황소자리/흙
파종달	Mar 29 2024	08:33	전갈자리/흙	하현달	Sep 24 2024	18:50	게자리/물
				잔월	Sep 28 2024	15:48	사자자리/불
하현달	Apr 2 2024	03:15	염소자리/흙				
잔월	Apr 5 2024	13:14	물고기자리/물	블랙문	Oct 2 2024	18:50	천칭자리/공기
블랙문	Apr 8 2024	18:20	양자리/불	초승달	Oct 6 2024	21:51	전갈자리/흙
초승달	Apr 12 2024	02:07	쌍둥이자리/공기	상현달	Oct 10 2024	18:55	염소자리/흙
상현달	Apr 15 2024	19:13	게자리/물	철월	Oct 14 2024	06:30	물고기자리/물
철월	Apr 19 2024	21:15	처녀자리/흙	보름달	Oct 17 2024	11:27	양자리/불
보름달	Apr 23 2024	23:49	전갈자리/흙	파종달	Oct 20 2024	17:22	쌍둥이자리/공기
파종달	Apr 27 2024	20:54	궁수자리/불	하현달	Oct 24 2024	08:03	사자자리/불
				잔월	Oct 28 2024	09:01	처녀자리/흙
하현달	May 1 2024	11:28	물병자리/공기				
잔월	May 4 2024	20:26	물고기자리/물	블랙문	Nov 1 2024	12:47	전갈자리/흙
블랙문	May 8 2024	03:22	황소자리/흙	초승달	Nov 5 2024	12:37	궁수자리/불
초승달	May 11 2024	14:42	게자리/물	상현달	Nov 9 2024	05:56	물병자리/공기
상현달	May 15 2024	11:48	사자자리/불	철월	Nov 12 2024	15:51	양자리/불
철월	May 19 2024	14:55	천칭자리/공기	보름달	Nov 15 2024	21:28	황소자리/흙
보름달	May 23 2024	13:53	궁수자리/불	파종달	Nov 19 2024	06:17	게자리/물
파종달	May 27 2024	05:44	염소자리/흙	하현달	Nov 23 2024	01:28	처녀자리/흙
하현달	May 30 2024	17:12	물고기자리/물	잔월	Nov 27 2024	04:59	천칭자리/공기
잔월	Jun 3 2024	02:36	양자리/불	블랙문	Dec 1 2024	06:22	궁수자리/불
블랙문	Jun 6 2024	12:38	쌍둥이자리/공기	초승달	Dec 5 2024	01:27	염소자리/흙
초승달	Jun 10 2024	04:34	사자자리/불	상현달	Dec 8 2024	15:27	물고기자리/물
상현달	Jun 14 2024	05:19	처녀자리/흙	철월	Dec 12 2024	00:59	황소자리/흙
철월	Jun 18 2024	07:15	전갈자리/흙	보름달	Dec 15 2024	09:01	쌍둥이자리/공기
보름달	Jun 22 2024	01:08	염소자리/흙	파종달	Dec 18 2024	22:30	사자자리/불
파종달	Jun 25 2024	12:15	물병자리/공기	하현달	Dec 22 2024	22:18	천칭자리/공기
하현달	Jun 28 2024	21:54	양자리/불	잔월	Dec 27 2024	01:44	전갈자리/흙
				블랙문	Dec 30 2024	22:27	염소자리/흙

MOON TABLES 2025

상	날짜	그리니치평균시	궁위/원소	상	날짜	그리니치평균시	궁위/원소
초승달	Jan 3 2025	12:33	물병자리/공기	상현달	Jul 2 2025	19:30	천칭자리/공기
상현달	Jan 6 2025	23:57	양자리/불	철월	Jul 6 2025	22:17	궁수자리/불
철월	Jan 10 2025	10:20	쌍둥이자리/공기	보름달	Jul 10 2025	20:36	염소자리/흙
보름달	Jan 13 2025	22:27	게자리/물	파종달	Jul 14 2025	12:48	물고기자리/물
파종달	Jan 17 2025	17:36	처녀자리/흙		Jul 18 2025	00:38	양자리/불
하현달	Jan 21 2025	20:31	전갈자리/흙	잔월	Jul 21 2025	09:30	쌍둥이자리/공기
잔월	Jan 25 2025	21:13	궁수자리/불	블랙문	Jul 24 2025	19:11	사자자리/불
블랙문	Jan 29 2025	12:36	물병자리/공기	초승달	Jul 28 2025	11:41	처녀자리/흙
초승달	Feb 1 2025	22:21	물고기자리/물	상현달	Aug 1 2025	12:42	전갈자리/흙
상현달	Feb 5 2025	08:01	황소자리/흙	철월	Aug 5 2025	14:01	궁수자리/불
철월	Feb 8 2025	20:32	게자리/물	보름달	Aug 9 2025	07:55	물병자리/공기
보름달	Feb 12 2025	13:54	사자자리/불	파종달	Aug 12 2025	19:39	양자리/불
파종달	Feb 16 2025	14:09	천칭자리/공기	하현달	Aug 16 2025	05:12	황소자리/흙
하현달	Feb 20 2025	17:33	궁수자리/불		Aug 19 2025	15:37	게자리/물
잔월	Feb 24 2025	14:06	염소자리/흙	블랙문	Aug 23 2025	06:07	처녀자리/흙
블랙문	Feb 28 2025	00:45	물고기자리/물	초승달	Aug 27 2025	03:45	천칭자리/공기
				상현달	Aug 31 2025	06:25	궁수자리/불
초승달	Mar 3 2025	07:16	양자리/불				
상현달	Mar 6 2025	16:32	쌍둥이자리/공기	철월	Sep 4 2025	04:53	염소자리/흙
철월	Mar 10 2025	08:20	사자자리/불	보름달	Sep 7 2025	18:09	물고기자리/물
보름달	Mar 14 2025	06:55	처녀자리/흙	파종달	Sep 11 2025	01:59	황소자리/흙
파종달	Mar 18 2025	10:01	전갈자리/흙	하현달	Sep 14 2025	10:33	쌍둥이자리/공기
하현달	Mar 22 2025	11:30	염소자리/흙	잔월	Sep 18 2025	00:04	사자자리/불
잔월	Mar 26 2025	03:49	물병자리/공기	블랙문	Sep 21 2025	19:54	처녀자리/흙
블랙문	Mar 29 2025	10:58	양자리/불	초승달	Sep 25 2025	21:26	전갈자리/흙
				상현달	Sep 29 2025	23:54	염소자리/흙
초승달	Apr 1 2025	15:47	황소자리/흙				
상현달	Apr 5 2025	02:14	게자리/물	철월	Oct 3 2025	18:47	물병자리/공기
철월	Apr 8 2025	22:07	처녀자리/흙	보름달	Oct 7 2025	03:48	양자리/불
보름달	Apr 13 2025	00:23	천칭자리/공기	파종달	Oct 10 2025	08:57	쌍둥이자리/공기
파종달	Apr 17 2025	03:24	궁수자리/불		Oct 13 2025	18:12	게자리/물
하현달	Apr 21 2025	01:36	물병자리/공기	잔월	Oct 17 2025	11:57	처녀자리/흙
잔월	Apr 24 2025	14:24	물고기자리/물	블랙문	Oct 21 2025	12:25	천칭자리/공기
블랙문	Apr 27 2025	19:30	황소자리/흙	초승달	Oct 25 2025	15:43	궁수자리/불
				상현달	Oct 29 2025	16:21	물병자리/공기
초승달	May 1 2025	00:32	쌍둥이자리/공기				
상현달	May 4 2025	13:52	사자자리/불	철월	Nov 2 2025	07:30	물고기자리/물
철월	May 8 2025	13:36	천칭자리/공기	보름달	Nov 5 2025	13:20	황소자리/흙
보름달	May 12 2025	16:56	전갈자리/흙	파종달	Nov 8 2025	17:40	게자리/물
파종달	May 16 2025	17:29	염소자리/흙	하현달	Nov 12 2025	05:28	사자자리/불
하현달	May 20 2025	11:59	물병자리/공기	잔월	Nov 16 2025	03:39	천칭자리/공기
잔월	May 23 2025	22:15	양자리/불	블랙문	Nov 20 2025	06:48	전갈자리/흙
블랙문	May 27 2025	03:03	쌍둥이자리/공기	초승달	Nov 24 2025	09:25	염소자리/흙
초승달	May 30 2025	10:18	게자리/물	상현달	Nov 28 2025	06:59	물고기자리/물
상현달	Jun 3 2025	03:41	처녀자리/흙	철월	Dec 1 2025	18:49	양자리/불
철월	Jun 7 2025	05:57	전갈자리/흙	보름달	Dec 4 2025	23:13	쌍둥이자리/공기
보름달	Jun 11 2025	07:44	궁수자리/불	파종달	Dec 8 2025	05:05	사자자리/불
파종달	Jun 15 2025	04:23	물병자리/공기	하현달	Dec 11 2025	20:52	처녀자리/흙
하현달	Jun 18 2025	19:19	물고기자리/물	잔월	Dec 15 2025	22:30	전갈자리/흙
잔월	Jun 22 2025	04:13	황소자리/흙	블랙문	Dec 20 2025	01:44	궁수자리/불
블랙문	Jun 25 2025	10:31	게자리/물	초승달	Dec 24 2025	01:30	물병자리/공기
초승달	Jun 28 2025	21:51	사자자리/불	상현달	Dec 27 2025	19:10	양자리/불
				철월	Dec 31 2025	04:44	황소자리/흙

MOON TABLES 2026

상	날짜	그리니치평균시	궁위/원소	상	날짜	그리니치평균시	궁위/원소
보름달	Jan 3 2026	10:02	게자리/물	파종달	Jul 4 2026	00:53	물병자리/공기
파종달	Jan 6 2026	19:36	처녀자리/흙	하현달	Jul 7 2026	19:29	양자리/불
하현달	Jan 10 2026	15:49	천칭자리/공기	잔월	Jul 11 2026	05:06	쌍둥이자리/공기
잔월	Jan 14 2026	19:01	궁수자리/불	블랙문	Jul 14 2026	09:43	게자리/물
블랙문	Jan 18 2026	19:52	염소자리/흙	초승달	Jul 17 2026	17:35	처녀자리/흙
초승달	Jan 22 2026	15:06	물고기자리/물	상현달	Jul 21 2026	11:06	천칭자리/공기
상현달	Jan 26 2026	04:48	황소자리/흙	철월	Jul 25 2026	12:41	궁수자리/불
철월	Jan 29 2026	13:44	쌍둥이자리/공기	보름달	Jul 29 2026	14:36	물병자리/공기
보름달	Feb 1 2026	22:10	사자자리/불	파종달	Aug 2 2026	11:47	물고기자리/물
파종달	Feb 5 2026	12:46	천칭자리/공기	하현달	Aug 6 2026	02:22	황소자리/흙
하현달	Feb 9 2026	12:43	전갈자리/흙	잔월	Aug 9 2026	10:49	게자리/물
잔월	Feb 13 2026	15:23	염소자리/흙	블랙문	Aug 12 2026	17:37	사자자리/불
블랙문	Feb 17 2026	12:01	물병자리/공기	초승달	Aug 16 2026	05:28	천칭자리/공기
초승달	Feb 21 2026	01:56	양자리/불	상현달	Aug 20 2026	02:47	전갈자리/흙
상현달	Feb 24 2026	12:27	쌍둥이자리/공기	철월	Aug 24 2026	05:22	염소자리/흙
철월	Feb 27 2026	22:34	게자리/물	보름달	Aug 28 2026	04:19	물고기자리/물
				파종달	Aug 31 2026	20:32	양자리/불
보름달	Mar 3 2026	11:37	처녀자리/흙				
파종달	Mar 7 2026	07:24	전갈자리/흙	하현달	Sep 4 2026	07:51	쌍둥이자리/공기
하현달	Mar 11 2026	09:39	궁수자리/불	잔월	Sep 7 2026	16:59	사자자리/불
잔월	Mar 15 2026	09:57	물병자리/공기	블랙문	Sep 11 2026	03:27	처녀자리/흙
블랙문	Mar 19 2026	01:24	물고기자리/물	초승달	Sep 14 2026	20:02	전갈자리/흙
초승달	Mar 22 2026	10:27	황소자리/흙	상현달	Sep 18 2026	20:44	궁수자리/불
상현달	Mar 25 2026	19:18	게자리/물	철월	Sep 22 2026	22:34	물병자리/공기
철월	Mar 29 2026	08:06	사자자리/불	보름달	Sep 26 2026	16:49	양자리/불
				파종달	Sep 30 2026	04:01	황소자리/흙
보름달	Apr 2 2026	02:12	천칭자리/공기				
파종달	Apr 6 2026	02:07	궁수자리/불	하현달	Oct 3 2026	13:24	게자리/물
하현달	Apr 10 2026	04:52	염소자리/흙	잔월	Oct 7 2026	00:44	사자자리/불
잔월	Apr 14 2026	01:30	물고기자리/물	블랙문	Oct 10 2026	15:50	천칭자리/공기
블랙문	Apr 17 2026	11:51	양자리/불	초승달	Oct 14 2026	13:15	궁수자리/불
초승달	Apr 20 2026	17:31	쌍둥이자리/공기	상현달	Oct 18 2026	16:13	염소자리/흙
상현달	Apr 24 2026	02:32	사자자리/불	철월	Oct 22 2026	15:20	물고기자리/물
철월	Apr 27 2026	18:53	처녀자리/흙	보름달	Oct 26 2026	04:11	황소자리/흙
				파종달	Oct 29 2026	11:24	쌍둥이자리/공기
보름달	May 1 2026	17:23	전갈자리/흙				
파종달	May 5 2026	19:45	염소자리/흙	하현달	Nov 1 2026	20:29	사자자리/불
하현달	May 9 2026	21:11	물병자리/공기	잔월	Nov 5 2026	11:02	처녀자리/흙
잔월	May 13 2026	13:32	양자리/불	블랙문	Nov 9 2026	07:02	전갈자리/흙
블랙문	May 16 2026	20:01	황소자리/흙	초승달	Nov 13 2026	08:34	염소자리/흙
초승달	May 20 2026	00:23	게자리/물	상현달	Nov 17 2026	11:48	물병자리/공기
상현달	May 23 2026	11:11	처녀자리/흙	철월	Nov 21 2026	06:43	양자리/불
철월	May 27 2026	07:14	천칭자리/공기	보름달	Nov 24 2026	14:54	쌍둥이자리/공기
보름달	May 31 2026	08:45	궁수자리/불	파종달	Nov 27 2026	19:56	게자리/물
파종달	Jun 4 2026	11:30	염소자리/흙	하현달	Dec 1 2026	06:09	처녀자리/흙
하현달	Jun 8 2026	10:01	물고기자리/물	잔월	Dec 5 2026	00:30	천칭자리/공기
잔월	Jun 11 2026	22:25	황소자리/흙	블랙문	Dec 9 2026	00:52	궁수자리/불
블랙문	Jun 15 2026	02:54	쌍둥이자리/공기	초승달	Dec 13 2026	04:39	물병자리/공기
초승달	Jun 18 2026	08:06	사자자리/불	상현달	Dec 17 2026	05:43	물고기자리/물
상현달	Jun 21 2026	21:56	천칭자리/공기	철월	Dec 20 2026	20:10	황소자리/흙
철월	Jun 25 2026	21:12	전갈자리/흙	보름달	Dec 24 2026	01:28	게자리/물
보름달	Jun 29 2026	23:57	염소자리/흙	파종달	Dec 27 2026	06:24	사자자리/불
				하현달	Dec 30 2026	19:00	천칭자리/공기

MOON TABLES 2027

상	날짜	그리니치평균시	궁위/원소	상	날짜	그리니치평균시	궁위원소
잔월	Jan 3 2027	17:09	전갈자리/흙	블랙문	Jul 4 2027	03:02	게자리/물
블랙문	Jan 7 2027	20:25	염소자리/흙	초승달	Jul 7 2027	07:58	처녀자리/흙
초승달	Jan 11 2027	23:32	물고기자리/물	상현달	Jul 10 2027	18:39	천칭자리/공기
상현달	Jan 15 2027	20:35	양자리/불	찰월	Jul 14 2027	14:01	궁수자리/불
찰월	Jan 19 2027	07:36	쌍둥이자리/공기	보름달	Jul 18 2027	15:45	염소자리/흙
보름달	Jan 22 2027	12:17	사자자리/불	파종달	Jul 22 2027	18:57	물고기자리/물
파종달	Jan 25 2027	19:00	처녀자리/흙	하현달	Jul 26 2027	16:55	황소자리/흙
하현달	Jan 29 2027	10:56	전갈자리/흙	잔월	Jul 30 2027	05:03	쌍둥이자리/공기
잔월	Feb 2 2027	12:20	궁수자리/불	블랙문	Aug 2 2027	10:05	사자자리/불
블랙문	Feb 6 2027	15:56	물병자리/공기	초승달	Aug 5 2027	15:35	처녀자리/흙
초승달	Feb 10 2027	15:27	양자리/불	상현달	Aug 9 2027	04:54	전갈자리/흙
상현달	Feb 14 2027	07:59	황소자리/흙	찰월	Aug 13 2027	04:04	염소자리/흙
찰월	Feb 17 2027	17:18	게자리/물	보름달	Aug 17 2027	07:29	물병자리/공기
보름달	Feb 20 2027	23:23	처녀자리/흙	파종달	Aug 21 2027	08:20	양자리/불
파종달	Feb 24 2027	09:24	천칭자리/공기	하현달	Aug 25 2027	02:28	쌍둥이자리/공기
하현달	Feb 28 2027	05:17	궁수자리/불	잔월	Aug 28 2027	12:27	게자리/물
				블랙문	Aug 31 2027	17:40	처녀자리/흙
잔월	Mar 4 2027	08:34	염소자리/흙	초승달	Sep 4 2027	01:21	천칭자리/공기
블랙문	Mar 8 2027	09:30	물고기자리/물	상현달	Sep 7 2027	18:32	궁수자리/불
초승달	Mar 12 2027	03:40	황소자리/흙	찰월	Sep 11 2027	20:46	물병자리/공기
상현달	Mar 15 2027	16:24	쌍둥이자리/공기	보름달	Sep 15 2027	23:04	물고기자리/물
찰월	Mar 19 2027	01:44	사자자리/불	파종달	Sep 19 2027	19:42	황소자리/흙
보름달	Mar 22 2027	10:43	천칭자리/공기	하현달	Sep 23 2027	10:21	게자리/물
파종달	Mar 26 2027	01:09	전갈자리/흙	잔월	Sep 26 2027	19:38	사자자리/불
하현달	Mar 30 2027	00:54	염소자리/흙	블랙문	Sep 30 2027	02:35	천칭자리/공기
잔월	Apr 3 2027	03:50	물병자리/공기	초승달	Oct 3 2027	14:05	전갈자리/흙
블랙문	Apr 6 2027	23:51	양자리/불	상현달	Oct 7 2027	11:48	염소자리/흙
초승달	Apr 10 2027	12:40	쌍둥이자리/공기	찰월	Oct 11 2027	15:13	물고기자리/물
상현달	Apr 13 2027	22:56	게자리/물	보름달	Oct 15 2027	13:47	양자리/불
찰월	Apr 17 2027	09:30	처녀자리/흙	파종달	Oct 19 2027	05:32	쌍둥이자리/공기
보름달	Apr 20 2027	22:27	전갈자리/흙	하현달	Oct 22 2027	17:28	게자리/물
파종달	Apr 24 2027	17:49	궁수자리/불	잔월	Oct 26 2027	03:18	처녀자리/흙
하현달	Apr 28 2027	20:18	물병자리/공기	블랙문	Oct 29 2027	13:37	전갈자리/흙
잔월	May 2 2027	20:30	물고기자리/물	초승달	Nov 2 2027	06:17	궁수자리/불
블랙문	May 6 2027	10:58	황소자리/흙	상현달	Nov 6 2027	08:00	물병자리/공기
초승달	May 9 2027	19:33	게자리/물	찰월	Nov 10 2027	10:00	양자리/불
상현달	May 13 2027	04:44	사자자리/불	보름달	Nov 14 2027	03:26	황소자리/흙
찰월	May 16 2027	17:31	천칭자리/공기	파종달	Nov 17 2027	14:38	게자리/물
보름달	May 20 2027	10:59	전갈자리/흙	하현달	Nov 21 2027	00:48	사자자리/불
파종달	May 24 2027	10:53	염소자리/흙	잔월	Nov 24 2027	12:21	천칭자리/공기
하현달	May 28 2027	13:58	물고기자리/물	블랙문	Nov 28 2027	03:25	궁수자리/불
잔월	Jun 1 2027	09:57	양자리/불	초승달	Dec 2 2027	01:41	염소자리/흙
블랙문	Jun 4 2027	19:40	쌍둥이자리/공기	상현달	Dec 6 2027	05:22	물고기자리/물
초승달	Jun 8 2027	01:36	사자자리/불	찰월	Dec 10 2027	03:48	황소자리/흙
상현달	Jun 11 2027	10:56	처녀자리/흙	보름달	Dec 13 2027	16:09	쌍둥이자리/공기
찰월	Jun 15 2027	02:42	전갈자리/흙	파종달	Dec 16 2027	23:46	사자자리/불
보름달	Jun 19 2027	00:45	궁수자리/불	하현달	Dec 20 2027	09:11	처녀자리/흙
파종달	Jun 23 2027	03:35	물병자리/공기	잔월	Dec 23 2027	23:39	전갈자리/흙
하현달	Jun 27 2027	04:55	양자리/불	블랙문	Dec 27 2027	20:13	염소자리/흙
잔월	Jun 30 2027	20:30	황소자리/흙	초승달	Dec 31 2027	22:45	물병자리/공기

MOON TABLES 2028

상	날짜	그리니치평균시	궁위/원소	상	날짜	그리니치평균시	궁위/원소
상현달	Jan 5 2028	01:41	양자리/불	철월	Jul 3 2028	00:21	전갈자리/흙
철월	Jan 8 2028	19:46	쌍둥이자리/공기	보름달	Jul 6 2028	18:11	염소자리/흙
보름달	Jan 12 2028	04:02	게자리/물	파종달	Jul 10 2028	18:29	물고기자리/물
파종달	Jan 15 2028	09:26	처녀자리/흙	하현달	Jul 14 2028	20:57	양자리/불
하현달	Jan 18 2028	19:26	전갈자리/공기	잔월	Jul 18 2028	16:45	쌍둥이자리/공기
잔월	Jan 22 2028	13:52	궁수자리/불	블랙문	Jul 22 2028	03:02	게자리/물
블랙문	Jan 26 2028	15:13	물병자리/공기	초승달	Jul 25 2028	08:59	처녀자리/흙
초승달	Jan 30 2028	19:09	물고기자리/물	상현달	Jul 28 2028	17:40	전갈자리/흙
상현달	Feb 3 2028	19:11	황소자리/흙	철월	Aug 1 2028	09:27	궁수자리/불
철월	Feb 7 2028	09:21	게자리/물	보름달	Aug 5 2028	08:10	물병자리/공기
보름달	Feb 10 2028	15:04	사자자리/불	파종달	Aug 9 2028	10:50	양자리/불
파종달	Feb 13 2028	19:54	천칭자리/공기	하현달	Aug 13 2028	11:46	황소자리/흙
하현달	Feb 17 2028	08:08	전갈자리/흙	잔월	Aug 17 2028	03:52	게자리/물
잔월	Feb 21 2028	06:50	염소자리/흙	블랙문	Aug 20 2028	10:43	사자자리/불
블랙문	Feb 25 2028	10:38	물고기자리/물	초승달	Aug 23 2028	15:12	천칭자리/공기
초승달	Feb 29 2028	12:51	양자리/불	상현달	Aug 27 2028	01:36	궁수자리/불
				철월	Aug 30 2028	21:41	염소자리/흙
상현달	Mar 4 2028	09:03	쌍둥이자리/공기	보름달	Sep 3 2028	23:48	물고기자리/물
철월	Mar 7 2028	20:17	사자자리/불	파종달	Sep 8 2028	02:31	황소자리/흙
보름달	Mar 11 2028	01:05	처녀자리/흙	하현달	Sep 12 2028	00:46	쌍둥이자리/공기
파종달	Mar 14 2028	07:23	전갈자리/흙	잔월	Sep 15 2028	13:33	사자자리/불
하현달	Mar 17 2028	23:23	궁수자리/불	블랙문	Sep 18 2028	18:24	처녀자리/흙
잔월	Mar 22 2028	01:25	물병자리/공기	초승달	Sep 21 2028	23:23	전갈자리/흙
블랙문	Mar 26 2028	04:32	양자리/불	상현달	Sep 25 2028	13:10	염소자리/흙
초승달	Mar 30 2028	02:55	황소자리/흙	철월	Sep 29 2028	13:14	물병자리/공기
상현달	Apr 2 2028	19:16	게자리/물	보름달	Oct 3 2028	16:25	양자리/불
철월	Apr 6 2028	04:43	처녀자리/흙	파종달	Oct 7 2028	17:05	황소자리/흙
보름달	Apr 9 2028	10:27	천칭자리/공기	하현달	Oct 11 2028	11:57	게자리/물
파종달	Apr 12 2028	20:11	궁수자리/불	잔월	Oct 14 2028	22:13	처녀자리/흙
하현달	Apr 16 2028	16:37	염소자리/흙	블랙문	Oct 18 2028	02:57	천칭자리/공기
잔월	Apr 20 2028	19:54	물고기자리/물	초승달	Oct 21 2028	10:40	궁수자리/불
블랙문	Apr 24 2028	19:47	황소자리/흙	상현달	Oct 25 2028	04:53	물고기자리/물
초승달	Apr 28 2028	13:30	쌍둥이자리/공기	철월	Oct 29 2028	07:30	물고기자리/물
상현달	May 2 2028	02:26	사자자리/불	보름달	Nov 2 2028	09:18	황소자리/흙
철월	May 5 2028	11:23	천칭자리/공기	파종달	Nov 6 2028	06:13	쌍둥이자리/공기
보름달	May 8 2028	19:49	전갈자리/흙	하현달	Nov 9 2028	21:25	사자자리/불
파종달	May 12 2028	10:30	염소자리/흙	잔월	Nov 13 2028	06:29	천칭자리/공기
하현달	May 16 2028	10:43	물병자리/공기	블랙문	Nov 16 2028	13:17	전갈자리/흙
잔월	May 20 2028	12:55	양자리/불	초승달	Nov 20 2028	01:39	염소자리/흙
블랙문	May 24 2028	08:17	쌍둥이자리/공기	상현달	Nov 24 2028	00:15	물고기자리/물
초승달	May 27 2028	21:21	게자리/물	철월	Nov 28 2028	03:20	양자리/불
상현달	May 31 2028	07:37	처녀자리/흙				
철월	Jun 3 2028	17:25	천칭자리/공기	보름달	Dec 2 2028	01:40	쌍둥이자리/공기
보름달	Jun 7 2028	06:08	궁수자리/불	파종달	Dec 5 2028	17:48	게자리/물
파종달	Jun 11 2028	02:07	물고기자리/물	하현달	Dec 9 2028	05:39	처녀자리/흙
하현달	Jun 15 2028	04:28	물고기자리/물	잔월	Dec 12 2028	15:09	전갈자리/흙
잔월	Jun 19 2028	03:51	황소자리/흙	블랙문	Dec 16 2028	02:07	궁수자리/불
블랙문	Jun 22 2028	18:28	게자리/물	초승달	Dec 19 2028	19:57	물병자리/공기
초승달	Jun 26 2028	03:27	사자자리/불	상현달	Dec 23 2028	21:45	양자리/불
상현달	Jun 29 2028	12:11	천칭자리/공기	철월	Dec 27 2028	23:15	황소자리/흙
				보름달	Dec 31 2028	16:49	게자리/물

MOON TABLES 2029

상	날짜	그리니치평균시	궁위/원소	상	날짜	그리니치평균시	궁위/원소
파종달	Jan 4 2029	03:54	사자자리/불	하현달	Jul 3 2029	17:58	양자리/불
하현달	Jan 7 2029	13:27	천칭자리/공기	잔월	Jul 7 2029	20:00	쌍둥이자리/공기
잔월	Jan 11 2029	01:08	궁수자리/불	블랙문	Jul 11 2029	15:51	게자리/물
블랙문	Jan 14 2029	17:25	염소자리/흙	초승달	Jul 15 2029	04:38	처녀자리/흙
초승달	Jan 18 2029	16:15	물고기자리/물	상현달	Jul 18 2029	14:15	천칭자리/공기
상현달	Jan 22 2029	19:23	황소자리/흙	철월	Jul 22 2029	00:17	궁수자리/불
철월	Jan 26 2029	17:42	쌍둥이자리/공기	보름달	Jul 25 2029	13:36	물병자리/공기
보름달	Jan 30 2029	06:03	사자자리/불	파종달	Jul 29 2029	09:18	물고기자리/물
파종달	Feb 2 2029	12:59	처녀자리/흙	하현달	Aug 2 2029	11:16	황소자리/흙
하현달	Feb 5 2029	21:51	전갈자리/흙	잔월	Aug 6 2029	11:11	쌍둥이자리/공기
잔월	Feb 9 2029	13:05	염소자리/흙	블랙문	Aug 10 2029	01:56	사자자리/불
블랙문	Feb 13 2029	10:32	물병자리/공기	초승달	Aug 13 2029	10:18	천칭자리/공기
초승달	Feb 17 2029	12:41	양자리/불	상현달	Aug 16 2029	18:55	전갈자리/흙
상현달	Feb 21 2029	15:10	쌍둥이자리/공기	철월	Aug 20 2029	07:48	염소자리/흙
철월	Feb 25 2029	09:20	게자리/물	보름달	Aug 24 2029	01:51	물고기자리/물
보름달	Feb 28 2029	17:09	처녀자리/흙	파종달	Aug 28 2029	01:42	양자리/불
파종달	Mar 3 2029	21:46	천칭자리/공기	하현달	Sep 1 2029	04:33	쌍둥이자리/공기
하현달	Mar 7 2029	07:52	궁수자리/불	잔월	Sep 5 2029	00:55	게자리/물
잔월	Mar 11 2029	03:06	물병자리/공기	블랙문	Sep 8 2029	10:45	처녀자리/흙
블랙문	Mar 15 2029	04:19	물고기자리/물	초승달	Sep 11 2029	16:14	전갈자리/흙
초승달	Mar 19 2029	07:34	황소자리/흙	상현달	Sep 15 2029	01:29	궁수자리/불
상현달	Mar 23 2029	07:32	게자리/물	철월	Sep 18 2029	18:00	물병자리/공기
철월	Mar 26 2029	21:30	사자자리/불	보름달	Sep 22 2029	16:29	물고기자리/물
보름달	Mar 30 2029	02:26	천칭자리/공기	파종달	Sep 26 2029	19:12	황소자리/흙
				하현달	Sep 30 2029	20:57	게자리/물
파종달	Apr 2 2029	07:00	전갈자리/흙				
하현달	Apr 5 2029	19:52	염소자리/흙	잔월	Oct 4 2029	13:01	사자자리/불
잔월	Apr 9 2029	18:42	물고기자리/물	블랙문	Oct 7 2029	19:15	천칭자리/공기
블랙문	Apr 13 2029	21:40	양자리/불	초승달	Oct 10 2029	23:50	궁수자리/불
초승달	Apr 17 2029	23:38	쌍둥이자리/공기	상현달	Oct 14 2029	11:09	염소자리/흙
상현달	Apr 21 2029	19:50	사자자리/불	철월	Oct 18 2029	07:32	물고기자리/물
철월	Apr 25 2029	06:22	처녀자리/흙	보름달	Oct 22 2029	09:28	양자리/불
보름달	Apr 28 2029	10:37	전갈자리/흙	파종달	Oct 26 2029	12:50	쌍둥이자리/공기
				하현달	Oct 30 2029	11:32	사자자리/불
파종달	May 1 2029	17:19	궁수자리/불				
하현달	May 5 2029	09:48	물고기자리/물	잔월	Nov 2 2029	23:47	처녀자리/흙
잔월	May 9 2029	11:09	양자리/불	블랙문	Nov 6 2029	04:24	전갈자리/흙
블랙문	May 13 2029	13:42	황소자리/흙	초승달	Nov 9 2029	10:07	염소자리/흙
초승달	May 17 2029	12:19	게자리/물	상현달	Nov 13 2029	00:35	물병자리/공기
상현달	May 21 2029	04:15	처녀자리/흙	철월	Nov 17 2029	00:34	양자리/불
철월	May 24 2029	12:53	천칭자리/공기	보름달	Nov 21 2029	04:03	황소자리/흙
보름달	May 27 2029	18:38	궁수자리/불	파종달	Nov 25 2029	05:18	게자리/물
파종달	May 31 2029	05:04	염소자리/흙	하현달	Nov 28 2029	23:48	처녀자리/흙
하현달	Jun 4 2029	01:19	물고기자리/물	잔월	Dec 2 2029	09:36	천칭자리/공기
잔월	Jun 8 2029	03:48	황소자리/흙	블랙문	Dec 5 2029	14:51	궁수자리/불
블랙문	Jun 12 2029	03:51	쌍둥이자리/공기	초승달	Dec 8 2029	23:28	물병자리/공기
초승달	Jun 15 2029	21:42	사자자리/불	상현달	Dec 12 2029	17:50	물고기자리/물
상현달	Jun 19 2029	09:54	처녀자리/흙	철월	Dec 16 2029	20:28	황소자리/흙
철월	Jun 22 2029	18:24	전갈자리/흙	보름달	Dec 20 2029	22:47	쌍둥이자리/공기
보름달	Jun 26 2029	03:23	염소자리/흙	파종달	Dec 24 2029	19:27	사자자리/불
파종달	Jun 29 2029	18:23	물병자리/공기	하현달	Dec 28 2029	09:49	천칭자리/공기
				잔월	Dec 31 2029	19:01	전갈자리/흙

MOON TABLES 2030

상	날짜	그리니치평균시	궁위/원소	상	날짜	그리니치평균시	궁위원소
블랙문	Jan 4 2030	02:50	염소자리/흙	초승달	Jul 4 2030	19:40	사자자리/불
초승달	Jan 7 2030	15:37	물고기자리/물	상현달	Jul 8 2030	11:02	천칭자리/공기
상현달	Jan 11 2030	14:06	양자리/불	철월	Jul 11 2030	20:02	궁수자리/불
철월	Jan 15 2030	17:34	쌍둥이자리/공기	보름달	Jul 15 2030	02:11	염소자리/흙
보름달	Jan 19 2030	15:55	게자리/물	파종달	Jul 18 2030	12:12	물고기자리/물
파종달	Jan 23 2030	06:58	처녀자리/흙	하현달	Jul 22 2030	08:08	양자리/불
하현달	Jan 26 2030	18:15	전갈자리/흙	잔월	Jul 26 2030	11:09	쌍둥이자리/공기
잔월	Jan 30 2030	04:27	궁수자리/불	블랙문	Jul 30 2030	11:11	사자자리/불
블랙문	Feb 2 2030	16:07	물병자리/공기	초승달	Aug 3 2030	04:24	처녀자리/흙
초승달	Feb 6 2030	09:53	양자리/불	상현달	Aug 6 2030	16:43	전갈자리/흙
상현달	Feb 10 2030	11:50	황소자리/흙	철월	Aug 10 2030	01:52	염소자리/흙
철월	Feb 14 2030	13:36	게자리/물	보름달	Aug 13 2030	10:44	물병자리/공기
보름달	Feb 18 2030	06:20	사자자리/불	파종달	Aug 17 2030	01:16	양자리/불
파종달	Feb 21 2030	16:21	천칭자리/공기	하현달	Aug 21 2030	01:16	황소자리/흙
하현달	Feb 25 2030	01:57	궁수자리/불	잔월	Aug 25 2030	03:49	게자리/물
잔월	Feb 28 2030	14:19	염소자리/흙	블랙문	Aug 28 2030	23:07	처녀자리/흙
블랙문	Mar 4 2030	06:35	물고기자리/물	초승달	Sep 1 2030	11:38	천칭자리/공기
초승달	Mar 8 2030	05:16	황소자리/흙	상현달	Sep 4 2030	21:56	궁수자리/불
상현달	Mar 12 2030	08:48	쌍둥이자리/공기	철월	Sep 8 2030	08:23	물고기자리/물
철월	Mar 16 2030	06:42	사자자리/불	보름달	Sep 11 2030	21:18	물고기자리/물
보름달	Mar 19 2030	17:57	처녀자리/흙	파종달	Sep 15 2030	17:06	황소자리/흙
파종달	Mar 23 2030	00:29	전갈자리/흙	하현달	Sep 19 2030	19:57	쌍둥이자리/공기
하현달	Mar 26 2030	09:52	염소자리/흙	잔월	Sep 23 2030	19:47	사자자리/불
잔월	Mar 30 2030	01:05	물병자리/공기	블랙문	Sep 27 2030	09:55	천칭자리/공기
				초승달	Sep 30 2030	18:34	전갈자리/흙
블랙문	Apr 2 2030	22:03	양자리/불				
초승달	Apr 7 2030	00:25	쌍둥이자리/공기	상현달	Oct 4 2030	03:56	염소자리/흙
상현달	Apr 11 2030	02:57	게자리/물	철월	Oct 7 2030	16:50	물병자리/공기
철월	Apr 14 2030	20:07	처녀자리/흙	보름달	Oct 11 2030	10:47	양자리/불
보름달	Apr 18 2030	03:20	천칭자리/공기	파종달	Oct 15 2030	11:29	쌍둥이자리/공기
파종달	Apr 21 2030	08:18	궁수자리/불	하현달	Oct 19 2030	14:51	게자리/물
하현달	Apr 24 2030	18:39	물병자리/공기	잔월	Oct 23 2030	10:36	처녀자리/흙
잔월	Apr 28 2030	13:14	물고기자리/물	블랙문	Oct 26 2030	20:16	전갈자리/흙
				초승달	Oct 30 2030	02:23	궁수자리/불
블랙문	May 2 2030	14:12	황소자리/흙	상현달	Nov 2 2030	11:55	물병자리/공기
초승달	May 6 2030	17:49	게자리/물	철월	Nov 6 2030	04:21	물고기자리/물
상현달	May 10 2030	17:12	사자자리/불	보름달	Nov 10 2030	03:30	황소자리/흙
철월	May 14 2030	06:13	천칭자리/공기	파종달	Nov 14 2030	07:07	게자리/물
보름달	May 17 2030	11:19	전갈자리/흙	하현달	Nov 18 2030	08:33	사자자리/불
파종달	May 20 2030	16:26	염소자리/흙	잔월	Nov 22 2030	00:10	천칭자리/공기
하현달	May 24 2030	04:58	물고기자리/물	블랙문	Nov 25 2030	06:47	궁수자리/불
잔월	May 28 2030	03:06	양자리/불	초승달	Nov 28 2030	11:46	염소자리/흙
블랙문	Jun 1 2030	06:22	쌍둥이자리/공기	상현달	Dec 1 2030	22:57	물고기자리/물
초승달	Jun 5 2030	08:20	게자리/물	철월	Dec 5 2030	19:41	양자리/불
상현달	Jun 9 2030	03:36	처녀자리/흙	보름달	Dec 9 2030	22:41	쌍둥이자리/공기
철월	Jun 12 2030	13:50	전갈자리/흙	파종달	Dec 14 2030	02:05	사자자리/불
보름달	Jun 15 2030	18:41	궁수자리/불	하현달	Dec 18 2030	00:00	처녀자리/흙
파종달	Jun 19 2030	01:31	물병자리/공기	잔월	Dec 21 2030	12:24	전갈자리/흙
하현달	Jun 22 2030	17:20	양자리/불	블랙문	Dec 24 2030	17:32	염소자리/흙
잔월	Jun 26 2030	18:37	황소자리/흙	초승달	Dec 27 2030	23:12	물병자리/공기
블랙문	Jun 30 2030	21:35	게자리/물	상현달	Dec 31 2030	13:36	양자리/불

MOON TABLES 2031

상	날짜	그리니치평균시	궁위/원소	상	날짜	그리니치평균시	궁위원소
				철월	Jul 1 2031	13:47	전갈자리/흙
철월	Jan 4 2031	14:30	황소자리/흙	보름달	Jul 4 2031	19:02	염소자리/흙
보름달	Jan 8 2031	18:26	게자리/물	파종달	Jul 7 2031	23:32	물고기자리/물
파종달	Jan 12 2031	18:45	처녀자리/흙	하현달	Jul 11 2031	11:50	양자리/불
하현달	Jan 16 2031	12:47	천칭자리/공기	잔월	Jul 15 2031	10:32	쌍둥이자리/공기
잔월	Jan 19 2031	23:05	궁수자리/불	블랙문	Jul 19 2031	13:40	게자리/물
블랙문	Jan 23 2031	04:31	물병자리/공기	초승달	Jul 23 2031	15:01	처녀자리/흙
초승달	Jan 26 2031	12:52	물고기자리/물	상현달	Jul 27 2031	10:35	전갈자리/흙
상현달	Jan 30 2031	07:43	황소자리/흙	철월	Jul 30 2031	21:18	궁수자리/불
철월	Feb 3 2031	11:08	쌍둥이자리/공기	보름달	Aug 3 2031	01:46	물병자리/공기
보름달	Feb 7 2031	12:46	사자자리/불	파종달	Aug 6 2031	08:07	물고기자리/물
파종달	Feb 11 2031	08:25	천칭자리/공기	하현달	Aug 10 2031	00:24	황소자리/흙
하현달	Feb 14 2031	22:50	전갈자리/흙	잔월	Aug 14 2031	02:07	게자리/물
잔월	Feb 18 2031	08:17	염소자리/흙	블랙문	Aug 18 2031	04:32	사자자리/불
블랙문	Feb 21 2031	15:49	물고기자리/물	초승달	Aug 22 2031	02:35	전갈자리/공기
초승달	Feb 25 2031	04:43	양자리/불	상현달	Aug 25 2031	18:40	궁수자리/불
				철월	Aug 29 2031	03:44	염소자리/흙
상현달	Mar 1 2031	04:02	쌍둥이자리/공기				
철월	Mar 5 2031	07:20	게자리/물	보름달	Sep 1 2031	09:21	물고기자리/물
보름달	Mar 9 2031	04:30	처녀자리/흙	파종달	Sep 4 2031	19:31	양자리/불
파종달	Mar 12 2031	19:09	전갈자리/흙	하현달	Sep 8 2031	16:15	쌍둥이자리/공기
하현달	Mar 16 2031	06:36	궁수자리/불	잔월	Sep 12 2031	19:11	사자자리/불
잔월	Mar 19 2031	16:26	물병자리/공기	블랙문	Sep 16 2031	18:47	처녀자리/흙
블랙문	Mar 23 2031	03:49	양자리/불	초승달	Sep 20 2031	12:32	전갈자리/공기
초승달	Mar 26 2031	22:14	황소자리/흙	상현달	Sep 24 2031	01:20	염소자리/흙
상현달	Mar 31 2031	00:32	게자리/물	철월	Sep 27 2031	10:09	물병자리/공기
				보름달	Sep 30 2031	18:57	양자리/불
철월	Apr 4 2031	01:18	사자자리/불				
보름달	Apr 7 2031	17:21	천칭자리/공기	파종달	Oct 4 2031	10:19	황소자리/흙
파종달	Apr 11 2031	03:34	궁수자리/불	하현달	Oct 8 2031	10:50	게자리/물
하현달	Apr 14 2031	12:58	염소자리/흙	잔월	Oct 12 2031	12:57	처녀자리/흙
잔월	Apr 18 2031	00:35	물고기자리/물	블랙문	Oct 16 2031	08:21	천칭자리/공기
블랙문	Apr 21 2031	16:57	황소자리/흙	초승달	Oct 19 2031	21:23	궁수자리/불
초승달	Apr 25 2031	16:20	쌍둥이자리/공기	상현달	Oct 23 2031	07:37	염소자리/흙
상현달	Apr 29 2031	19:20	사자자리/불	철월	Oct 26 2031	17:53	물고기자리/물
				보름달	Oct 30 2031	07:33	황소자리/흙
철월	May 3 2031	16:16	처녀자리/흙				
보름달	May 7 2031	03:40	전갈자리/흙	파종달	Nov 3 2031	04:19	쌍둥이자리/공기
파종달	May 10 2031	10:26	CAP/WATER	하현달	Nov 7 2031	07:02	사자자리/불
하현달	May 13 2031	19:07	물병자리/공기	잔월	Nov 11 2031	06:39	천칭자리/공기
잔월	May 17 2031	09:49	양자리/불	블랙문	Nov 14 2031	21:09	전갈자리/흙
블랙문	May 21 2031	07:17	쌍둥이자리/공기	초승달	Nov 18 2031	05:49	염소자리/흙
초승달	May 25 2031	09:45	게자리/물	상현달	Nov 21 2031	14:45	물병자리/공기
상현달	May 29 2031	11:20	처녀자리/흙	철월	Nov 25 2031	04:06	양자리/불
				보름달	Nov 28 2031	23:19	쌍둥이자리/공기
철월	Jun 2 2031	04:19	천칭자리/공기				
보름달	Jun 5 2031	11:58	궁수자리/불	파종달	Dec 3 2031	00:22	게자리/물
파종달	Jun 8 2031	16:43	물병자리/공기	하현달	Dec 7 2031	03:20	처녀자리/흙
하현달	Jun 12 2031	02:21	물고기자리/물	잔월	Dec 10 2031	23:19	전갈자리/흙
잔월	Jun 15 2031	21:01	황소자리/흙	블랙문	Dec 14 2031	09:05	궁수자리/불
블랙문	Jun 19 2031	22:25	쌍둥이자리/공기	초승달	Dec 17 2031	14:35	물병자리/공기
초승달	Jun 24 2031	01:26	사자자리/불	상현달	Dec 21 2031	00:01	물고기자리/물
상현달	Jun 28 2031	00:19	천칭자리/공기	철월	Dec 24 2031	17:33	황소자리/흙
				보름달	Dec 28 2031	17:33	게자리/물

MOON TABLES 2032

상	날짜	그리니치평균시	궁위/원소	상	날짜	그리니치평균시	궁위원소
파종달	Jan 1 2032	20:45	사자자리/불	잔월	Jul 3 2032	17:25	황소자리/흙
하현달	Jan 5 2032	22:04	천칭자리/공기	블랙문	Jul 7 2032	14:42	게자리/물
잔월	Jan 9 2032	13:58	궁수자리/불	초승달	Jul 11 2032	16:35	처녀자리/흙
블랙문	Jan 12 2032	20:06	염소자리/흙	상현달	Jul 15 2032	18:32	전칭자리/공기
초승달	Jan 16 2032	00:32	물고기자리/물	철월	Jul 19 2032	11:46	궁수자리/불
상현달	Jan 19 2032	12:14	양자리/불	보름달	Jul 22 2032	18:52	물고기자리/공기
철월	Jan 23 2032	10:03	쌍둥이자리/공기	파종달	Jul 25 2032	23:15	물고기자리/물
보름달	Jan 27 2032	12:53	사자자리/불	하현달	Jul 29 2032	09:25	황소자리/흙
파종달	Jan 31 2032	15:44	처녀자리/흙				
				잔월	Aug 2 2032	04:22	쌍둥이자리/공기
하현달	Feb 4 2032	13:49	전갈자리/흙	블랙문	Aug 6 2032	05:12	사자자리/불
잔월	Feb 8 2032	01:57	염소자리/흙	초승달	Aug 10 2032	08:18	전칭자리/공기
블랙문	Feb 11 2032	06:24	물병자리/공기	상현달	Aug 14 2032	07:51	전갈자리/흙
초승달	Feb 14 2032	12:07	양자리/불	철월	Aug 17 2032	21:04	염소자리/흙
상현달	Feb 18 2032	03:29	황소자리/흙	보름달	Aug 21 2032	01:47	물병자리/공기
철월	Feb 22 2032	04:34	게자리/물	파종달	Aug 24 2032	06:36	양자리/불
보름달	Feb 26 2032	07:43	처녀자리/흙	하현달	Aug 27 2032	19:34	쌍둥이자리/공기
				잔월	Aug 31 2032	18:04	게자리/물
파종달	Mar 1 2032	07:52	전칭자리/공기				
하현달	Mar 5 2032	01:47	궁수자리/불	블랙문	Sep 4 2032	20:57	처녀자리/흙
잔월	Mar 8 2032	11:17	물병자리/공기	초승달	Sep 8 2032	22:58	전갈자리/흙
블랙문	Mar 11 2032	16:25	물고기자리/물	상현달	Sep 12 2032	18:49	궁수자리/불
초승달	Mar 15 2032	01:31	황소자리/흙	철월	Sep 16 2032	05:02	물병자리/공기
상현달	Mar 18 2032	20:57	쌍둥이자리/공기	보름달	Sep 19 2032	09:30	물고기자리/물
철월	Mar 22 2032	23:38	사자자리/불	파종달	Sep 22 2032	16:36	황소자리/흙
보름달	Mar 27 2032	00:46	전칭자리/공기	하현달	Sep 26 2032	09:13	게자리/물
파종달	Mar 30 2032	20:28	전갈자리/흙	잔월	Sep 30 2032	10:38	사자자리/불
하현달	Apr 3 2032	10:10	염소자리/흙	블랙문	Oct 4 2032	13:26	전칭자리/공기
잔월	Apr 6 2032	18:47	물고기자리/물	초승달	Oct 8 2032	12:02	궁수자리/불
블랙문	Apr 10 2032	02:40	양자리/불	상현달	Oct 12 2032	03:48	염소자리/흙
초승달	Apr 13 2032	16:24	쌍둥이자리/공기	철월	Oct 15 2032	12:39	물고기자리/물
상현달	Apr 17 2032	15:25	게자리/물	보름달	Oct 18 2032	18:58	양자리/불
철월	Apr 21 2032	17:55	처녀자리/흙	파종달	Oct 22 2032	05:51	쌍둥이자리/공기
보름달	Apr 25 2032	15:10	전갈자리/흙	하현달	Oct 26 2032	02:29	사자자리/불
파종달	Apr 29 2032	05:35	궁수자리/불	잔월	Oct 30 2032	05:33	처녀자리/흙
하현달	May 2 2032	16:01	물병자리/공기	블랙문	Nov 3 2032	05:45	전갈자리/흙
잔월	May 6 2032	01:32	양자리/불	초승달	Nov 6 2032	23:17	염소자리/흙
블랙문	May 9 2032	13:36	황소자리/흙	상현달	Nov 10 2032	11:33	물병자리/공기
초승달	May 13 2032	08:12	게자리/물	철월	Nov 13 2032	20:53	양자리/불
상현달	May 17 2032	09:44	사자자리/불	보름달	Nov 17 2032	06:42	황소자리/흙
철월	May 21 2032	10:21	전칭자리/공기	파종달	Nov 20 2032	22:19	게자리/물
보름달	May 25 2032	02:37	궁수자리/불	하현달	Nov 24 2032	22:48	처녀자리/흙
파종달	May 28 2032	12:11	염소자리/흙	잔월	Nov 29 2032	01:30	전칭자리/공기
하현달	May 31 2032	20:51	물고기자리/물				
				블랙문	Dec 2 2032	20:53	궁수자리/불
잔월	Jun 4 2032	08:44	양자리/불	초승달	Dec 6 2032	09:02	염소자리/흙
블랙문	Jun 8 2032	01:32	쌍둥이자리/공기	상현달	Dec 9 2032	19:09	물고기자리/물
초승달	Jun 12 2032	00:24	사자자리/불	철월	Dec 13 2032	06:26	황소자리/흙
상현달	Jun 16 2032	03:00	처녀자리/흙	보름달	Dec 16 2032	20:49	쌍둥이자리/공기
철월	Jun 20 2032	00:21	전갈자리/흙	파종달	Dec 20 2032	17:31	사자자리/불
보름달	Jun 23 2032	11:33	염소자리/흙	하현달	Dec 24 2032	20:39	전칭자리/공기
파종달	Jun 26 2032	17:35	물병자리/공기	잔월	Dec 28 2032	20:37	전갈자리/흙
하현달	Jun 30 2032	02:12	양자리/불				

옮기고 나서

출판사로부터 번역을 의뢰받고 본 이 책은 낯섦과 생소함 그 자체였다. 나는 이 생소함 때문에 많이 망설였다. 과연 내가 해낼 수 있을 것인가 하는 마음으로… 그래서 아마도 이 책은 더더욱 내게 애착이 가는 책이라고 할 수 있을 것이다.

처음에는 번역을 한다는 마음보다는 이 책의 내용이 무엇인가를 알기 위해 책 속에 내용을 몇 번이고 읽고 또 읽었다. 또 함께 들어 있는 카드로 평소 내가 궁금해 하는 것이라든가 내가 아는 사람들의 문제들을 여러 번 봐주었다. 그러면서 조금씩 '문오라클' 카드에 다가가기 시작했다. 호기심으로 조심스럽게 봐준 결론은 놀라움이었다. "이럴 수가!" 그리고 그 놀라움은 이제 독자와 함께 할 수 있다는 확신이 되었다.

이 책의 가장 큰 장점은 달의 심오한 미학을 아름답고도 간결하게 그려냈다는 것이다. 또한 달의 여러 상들에 대한 과학적 접근, 신화의 세계로의 초대, 그리고 성수에 대한 상세한 설명을 통해 종래에는 우리를 카드가 주는 신탁의 놀라움으로 이끈다.

달의 여신(goddess), 성수(mansion), 상(phase) 이 세 가지 카드들을 통한 다양한 해석은 우리의 가까운, 또는 먼 미래를 좀 더 명확하게 안내해 줄 것이다. 그리고 그 안내가 주는 계시는 우리의 앞날에 찾아 올 여러 문제들을 좀 더 현명하게 대처할 수 있도록 도와줄 것이라 믿는다.

지난여름 내내 나와 함께 한 이 책이 이 겨울에 많은 사람들과 함께 할 수 있기를 바라는 소망을 나는 숨기고 싶지 않다. 그래서 이 자리에서 내 바쁜 손을 도와 준 한 사람에게 고마움을 전하는데 주저 없이 밝힐 수 있는 지도 모르겠다.

그리고 사랑하는 형이 있어서 늘 힘들지 않았었다.

김 정 미

문 오라클

초판 1쇄 발행 | 2005년 1월 31일
초판 4쇄 발행 | 2018년 7월 15일
지은이 | 캐롤라인 스미스 & 존 애스트롭
옮긴이 | 김정미
펴낸이 | 이춘호
펴낸곳 | 당그래출판사
등록번호 | 제22-0038호 등록일자 · 1989년 7월 7일
04627 서울 중구 퇴계로32길 34-5 (예장동)
전화 (02) 2272-6603 팩스 (02) 2272-6604

값 30,000원 (책과 카드 72장을 포함한 가격임)

copyright Caroline Smith & John Astrop. Printed in Korea, 2005. ISBN 978-89-85296-79-5

표지 · 본문 조판 | 이앤씨디자인

당그래는 논이나 밭의 흙을 고르거나 씨뿌린 뒤 흙을 덮을 때, 곡식을 모으거나 펼 때 사용하는 우리 농기구 이름입니다.
당그래출판사는 각지 사방에 흩어져 있는, 우리 삶에 양식이 될 원고를 모아 정성들여 펴내는 일을 하는 곳입니다.